꼴찌,
세계 최고의 신경외과 의사가 되다

꼴찌, 세계 최고의
신경외과 의사가 되다

1판 1쇄 펴낸날 | 2010년 11월 8일
2판 1쇄 펴낸날 | 2019년 8월 30일
2판 5쇄 펴낸날 | 2024년 5월 10일

지은이 | 그레그 루이스 · 데보라 쇼 루이스
옮긴이 | 이주미 · 이주영
펴낸이 | 양승윤

펴낸곳 | (주)와이엘씨
출판등록 | 1987. 12. 8. 제 1987-000005호
주소 | 서울특별시 강남구 강남대로 354 혜천빌딩 15층
전화 | 02-555-3200
팩스 | 02-552-0436
홈페이지 | www.aladinbook.co.kr

값 11,500원
ISBN 978-89-8401-474-9 73840

Originally published in the U.S.A. under the title:
Gifted Hands, Revised Kids Edition
Copyright ⓒ 2013 by Gregg Lewis and Deborah Shaw Lewis
Published by permission of Zondervan, Grand Rapids, Michigan, U.S.A.
through arrangement of rMaeng2, Seoul, Republic of Korea.
All rights reserved.
This Korean Edition Copyright ⓒ 2019 by Younglim Cardinal, Inc., Seoul, Republic of Korea.

본 저작물의 한국어판 저작권은 알맹2 에이전시를 통하여 Zondervan과 독점 계약한 **(주)와이엘씨**에 있습니다.
신 저작권법에 의하여 한국 내에서 보호받는 저작물이므로 무단전재와 무단복제를 금합니다.

알라딘 북스는 (주)와이엘씨의 아동 전문 출판 브랜드입니다.

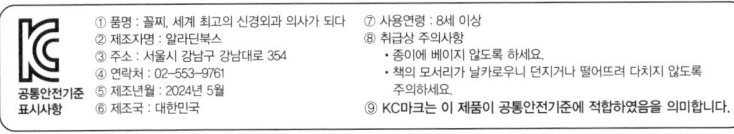

 차례

첫 번째 이야기,
꿈꾸는 소년 벤 카슨 7

두 번째 이야기,
꿈을 이루는 길은
책에 있었어요 31

세 번째 이야기,
벤을 믿고 기다려 준 어머니 53

네 번째 이야기,
꿈을 이루기 위해 항상
최선을 다할 거예요 79

다섯 번째 이야기,
세계 최초로 성공한
샴 쌍둥이 분리 수술 107

여섯 번째 이야기,
불가능한 수술을 해 내며
전 세계에 이름을 알린 벤 133

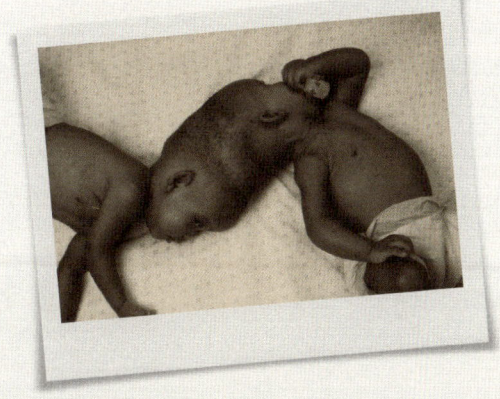

일곱 번째 이야기,
내 시간과 지식을 다른 이들을
돕는 데 쓰고 싶어요 165

여덟 번째 이야기,
벤의 성공 철학은
크게 생각하기 THINK BIG 187

아홉 번째 이야기,
젊은이들의 꿈과
희망이 된 벤 205

열 번째 이야기,
새로운 시작을 준비하는 벤 233

첫 번째 이야기,
꿈꾸는 소년
벤 카슨

"엄마, 나는 커서 무엇을 해야 할지 알았어요. 훌륭한 의사가 돼서 의료 선교를 할 거예요."
벤은 교회에 다녀온 그날 어머니에게 자신의 결심을 말했다.
"벤, 네가 그렇게 마음 먹었다면 넌 꼭 꿈을 이룰 수 있을 거야."
어머니는 벤이 지닌 꿈을 이룰 수 있게 용기를 심어 주었다. 결국 벤은 자신이 꿈꾼 대로 의사가 되었다. 하지만 의사가 되기까지는 생각지도 못한 수많은 어려운 일들이 벤의 앞에 놓여 있었다.

01. 여덟 살 벤의 새로운 꿈

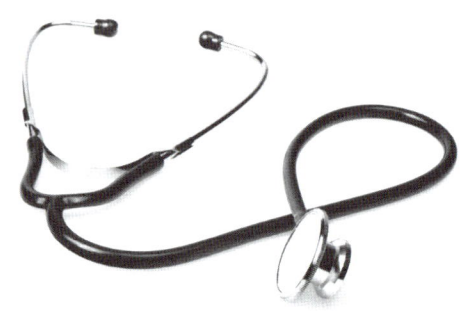

요 며칠 집 안은 아주 고요했다. 벤은 벌써 오래 전부터 부모님 사이가 좋지 않다는 것을 알고 있었다. 늘 부모님이 다투거나 고함치는 소리를 들어왔기 때문이었다. 그런데 요즈음은 다투는 소리 대신에 집 전체가 숨 막힐 정도로 아주 무겁게 내려앉아 있었다. 부모님이 서로 말을 하지 않은 채 지내는 날이 점점 길어지고 또 자주 일어났다. 게다가 아버지가 집에 들어오지 않는 날도 많아졌다.

그러던 어느 날, 벤은 어머니에게서 아주 충격적인 이야기를 들게 되었다.

여느 때와 다름없이 평범하게 아침에 일어나서 학교를 다녀온 날이었다. 어머니는 여덟 살인 벤과 열 살인 형 커티스를 앉혀 놓고서 이렇게 말했다.

"얘들아, 아빠가 집을 떠났단다. 이젠 우리랑 살지 않을 거야."

벤과 커티스 형제에게는 너무나 충격적인 소식이었다.

"아빠가 떠났다구요? 말도 안 돼요. 싫어! 아빠한테 다시 돌아오라고 하세요!"

벤은 소리쳤다. 그러나 어머니는 고개를 저었다.

"벤, 아빠는 다시는 돌아오지 않아."

"왜요?"

벤은 그 이유를 알 수 없었다.

"아빠는 좀……, 좀 나쁜 일을 저질렀거든."

어머니는 아이들에게 더 이상은 자세한 이야기를 해 주지 않았다. 그러자 벤이 어머니에게 대들었다.

"아빠가 잘못했어도 엄마가 용서해 주고 돌아오게 하면 되잖아요?"

"벤, 그렇게 간단히 해결할 수 있는 일이 아니란다."

어머니는 울먹이면서 대답했다.

벤은 혹시나 자기가 잘못해서 아버지가 화가 나 집을 떠난 건 아니냐고 물었다. 하지만 어머니는 그런 것이 아니라고, 아버지는 벤을 아주 많이 사랑하고 있다고 설명해 주었다. 벤은 아들인 자신을 사랑하고 있다면 더더구나 아버지가 집을 떠난다는 것은 있을 수 없는 일이라고 생각했다.

벤은 너무 슬펐다. 벤은 아버지를 무척 좋아했다. 그래서 매일 밤 아버지가 돌아와서 다시 예전처럼 함께 살 수 있게 해 달라고 기도했다. 그러나 그런 일은 일어나지 않았다.

아버지는 집 안에 있던 돈과 어머니가 아끼고 저축해서 모아 놓은 돈까지 모두 가지고 집을 나갔다. 벤의 어머니는 이제부터 두 아들과 함께 살아가기 위해서라면 무슨 일이라도 하겠다고 마음먹었다. 하지만 어머니는 그 동안 밖에 나가 일을 한 적이 한 번도 없었다. 그래서 앞으로 무슨 일을 어떻게 해야 할지 몰랐다. 게다가 벤의 어머니는 제대로 된 교육을 받아본 적도, 특별한 기술도 없었다. 그래서 남의 집에 파출부로 가거나 아이들을 돌봐 주는 일을 할 수밖에 없었다. 모두 쉽지 않은 일이었다.

벤은 아버지가 집을 나간 뒤 얼마 후에 아버지가 어떤 잘못을 저

질렀는지 모두 알게 되었다. 그리고 어머니가 아버지 일로 인해 얼마나 크게 상처를 받았는지, 또 자신과 형을 위해 얼마나 힘든 일을 해야 하는지도 잘 알고 있었다. 하지만 여전히 아버지가 보고 싶었다.

어머니 소냐 카슨은 테네시 주의 아주 가난한 가정에서 태어났다. 어머니의 가정은 대식구였는데, 그 곳에서 어머니는 스물네 명의 남매들 중 스물셋째로 태어났다. 어머니는 집안 형편이 어려워 어려서부터 이곳 저곳 친척집과 아는 사람 집으로 입양되며 외롭고 불행하게 자랐다. 그래서 모든 남매들 중 열세 명만 알 뿐이었다.

어머니는 열세 살이 되었을 때 벤의 아버지를 만나 결혼했다. 아버지는 어머니보다 나이가 훨씬 많았으며, 어머니를 그때까지 지내온 불행한 생활 속에서 구해 주겠다며 미시간 주의 디트로이트로 데려왔다. 아버지는 어머니에게 부자로 행복하게 살게 해 주겠다고 약속했다. 아버지는 멋있고 훌륭한 남편이었다. 파티도 자주 열었고 나이 어린 어머니를 무척 사랑해 주었다. 어머니에게 비싼 옷과 보석을 종종 사 주기도 했다. 아버지는 돈도 잘 벌었고, 돈 씀씀이도 컸다. 그렇게 시간이 지나는 동안 어머니는 문득 아버지가 어떻게 돈을 벌고 있는지 궁금하기는 했지만, 아버지를 믿고 더 이상

물어보지는 않았다.

　아들을 둘 낳을 때까지도 어머니는 아버지의 생활에 대해서 자세히 모르고 있었다. 하지만 아이들이 점점 자라고 앞날을 생각하게 되자 어머니는 아버지가 쓰고 다니는 그 많은 돈이 어디서 생기는 건지 점점 걱정이 되었다. 어머니는 아버지가 혹시 술과 마약을 몰래 팔고 있는지도 모른다고 생각했다. 그래서 하나하나 확인해 보았고, 결국 아버지에게 다른 부인과 가족이 있다는 사실을 알게 되었다. 어머니는 큰 충격을 받았고, 결국 아버지와 헤어질 수밖에 없었다. 벤은 이런 사실을 모두 알게 되자 다시는 예전처럼 행복한 가정으로 돌아갈 수 있을 거라는 꿈을 포기했다.

　이렇게 부모님의 이혼으로 벤은 낙담하고 있었지만, 아버지가 집을 떠난 그 해에 벤은 미래에 대해 새로운 꿈을 갖게 되었다.

　그 꿈은 어느 일요일 교회의 설교 시간에 갖게 된 것이었다. 벤은 교회의 긴 의자 가장자리에 앉아 목사님이 해 주시는 생생하게 실감나는 의료 선교에 대한 이야기를 귀 기울여 듣고 있었다.

　"강도들은 그 의사와 부인을 잡으러 뒤쫓아가고 있었습니다. 그 의사 부부는 강도들에게 붙잡히지 않으려고 온 힘을 다해 나무 뒤를 돌고 바위를 건너뛰며 달아났습니다. 그러나 절벽 끝에 다

▲ 어린 시절 벤과 커티스 형제(뒷줄)가 친구들과 함께 찍은 사진.

다르자 더 이상 도망갈 곳이 없었지요. 하지만 그 절벽 바로 아래에 두 사람이 간신히 기어들어갈 만한 갈라진 바위틈이 있는 것이 보였습니다."

목사님은 열심히 듣고 있는 신자들을 둘러보며 설교를 계속해 나갔다.

"강도들이 그 절벽까지 쫓아갔으나 두 사람은 어디에서도 보이지 않았습니다. 강도들은 '도대체 어디로 사라진 거지?' 하고 생각했지만, 결국 어떻게 된 영문인지 모른 채 어리둥절해하며 발만 동동 구르다가 그 곳을 떠나고 말았습니다. 그렇게 해서 그 의사 부부는 간신히 살아나게 되었지요."

그 이야기가 끝났을 때 벤은 긴 숨을 내쉬었다.

'선교 사업을 하는 의사들의 생활은 정말 위험하구나.'

목사님은 설교를 계속했다.

"하느님은 그 바위틈을 예비해 놓고 그 의사 부부를 살려 주신 겁니다. 만일 여러분이 하느님에게 여러분의 마음을 드리고 구해 달라고 한다면 하느님께서는 반드시 구해 주실 것입니다."

'나도 그렇게 하고 싶어.'

벤은 이렇게 생각했다.

설교를 마친 목사님은 하느님을 받아들이고 싶은 사람은 앞으로 나오라고 했다. 그때 벤은 복도로 나가 목사님 앞으로 갔다. 벤은 하느님이 자신을 보호해 주실 것이고, 또 자신이 무엇을 해야 할지 잘 아실 것이라고 생각했다.

"엄마, 나는 커서 무엇을 해야 할지 알았어요. 훌륭한 의사가 돼서 의료 선교를 할 거예요."

벤은 교회에 다녀온 그날 어머니에게 자신의 결심을 말했다.

"벤, 네가 그렇게 마음 먹었다면 넌 꼭 꿈을 이룰 수 있을 거야."

어머니는 벤이 지닌 꿈을 이룰 수 있게 용기를 심어 주었다. 결국 벤은 자신이 꿈꾼 대로 의사가 되었다. 하지만 의사가 되기까지는 생각지도 못한 수많은 어려운 일들이 벤의 앞에 놓여 있었다.

※ ※ ※

아버지가 더 이상 가족에게 돈을 보내지 않게 되면서 어머니 소냐는 점점 더 많은 시간을 일해야 했다. 하루에도 두세 군데에 가서 일을 했다. 새벽부터 아이들이 잠든 밤늦게까지 일하는 날도 많았으며, 어떤 때는 아이들이 며칠 동안 제대로 어머니 얼굴을 보지 못하기도 했다.

어머니는 너무도 힘든 나날을 보내면서 좌절감에 빠지고 말았다. 고통과 슬픔으로 끝나 버린 결혼 생활, 두 아이를 혼자 키워야 하는 무거운 책임감, 그리고 두렵고 예측할 수 없는 앞날, 이 모든 것들에 소냐는 용기를 잃고 만 것이다. 소냐는 자기 자신조차도 추스르기 힘들었다. 그리고 가끔 이 모든 것들을 포기하고 싶은 유혹이 생겼다.

결국 벤의 아버지가 떠나고 몇 달이 지난 뒤 어머니는 도움을 찾기로 했다. 어느 날 어머니가 아이들에게 말했다.

"얘들아, 엄마는 얼마 동안 친척 집에 다녀와야겠다."

"우리도 함께 가나요?"

벤이 물었다.

"벤, 그건 아냐. 엄마 혼자 다녀와야 하는 일이거든. 그리고 너희는 학교에도 가야 하잖니. 엄마가 올 때까지 너희를 돌봐 줄 분을 교회에서 보내 주기로 했단다."

어머니가 대답했다.

어머니 소냐가 집을 비운 동안 교회에서 할머니 한 분을 벤의 집에 보내어 아이들을 돌봐 주기로 했던 것이다.

비록 어머니가 집에 안 계셔서 약간 불안하기는 했지만, 벤과 커티스는 그 일이 아주 특별한 생활을 경험할 수 있는 좋은 기회인 것처럼 들렸다. 그리고 아이들은 교회에서 온 스캇 할머니와 즐겁게 보냈다. 스캇 할머니는 나이가 많았지만, 아이들의 말을 존중해 주고 잘 들어 주는 분이었다.

하루는 벤과 커티스가 스캇 할머니에게 롤러스케이트를 타고 싶다고 했다.

"내가 가르쳐 줄게."

스캇 할머니는 이렇게 말하고는 아주 오래된 롤러스케이트를 구해 왔다. 누구에게나 맞는 롤러스케이트, 어떤 발에도 맞게 조절할 수 있도록 금속 고리가 달린 롤러스케이트였다. 그런 다음 스캇 할머니는 아이들에게 시범을 보이며 가르쳐 주었다.

여든 살의 할머니가 두 남자아이를 데리고 디트로이트 시내의 인도를 돌면서 발을 뒤쪽으로 쑥쑥 내뻗으며 롤러스케이트를 타는 모습을 본 사람들은 모두 깜짝 놀랐다. 벤과 커티스 형제도 스캇 할머니를 졸졸 따라다니며 열심히 배웠다. 두 형제는 속으로 이렇게 생각했다.

'저렇게 나이 드신 할머니도 타는데 우리가 왜 못 타겠어!'

머지않아 둘은 롤러스케이트를 제대로 탈 수 있었다.

그 뒤로도 여러 번 어머니는 친척 집을 찾아간다며 집을 비웠지만, 두 형제는 어머니가 왜 그러는지 조금도 이상하게 여겨 본 적이 없었다. 둘은 어른이 되어서야 어머니가 몸과 마음이 너무 괴롭고 힘들 때마다 정신과 병원에 찾아가 우울증과 정신적인 스트레스를 치료받았다는 사실을 알게 되었다. 어머니는 다시 삶에 맞서 살아갈 수 있는 용기가 생기면 병원에서 나왔고, 두 아들은 그런 어머니를 철없이 반기며 좋아했던 것이다. 그런 식으로 어머니는 어려운 상황에서 늘 새로운 각오를 다지며 삶을 이어 나갔다.

    매년 여름에는 미시간 주에서 주최하는 축제가 열렸다. 벤의 어머니는 어려운 형편이었지만, 두 아들을 축제에 보내 여러 경험을 쌓게 했다. 축제에는 미술과 공예, 농경, 목축 같은 여러 가지 교육적인 내용의 전람회가 열렸다. 그 곳에는 아이들이 좋아하는 놀이기구도 있었다. 그러나 간신히 입장료만 내고 들어온 두 형제는 놀이기구들은 탈 엄두도 내지 못했다. 둘은 늘 다른 아이들이 함성을 지르며 공중을 오르내리고 빙빙 도는 모습을 구경할 수밖에 없었다. 벤은 특히 아이들이 범퍼카를 타고 부딪치고 웃고 떠드는 것이 부러웠다. 하지만 벤은 부러워만 하고 지내지는 않았다. 벤은 그 뒤 많은 날들을 혼자서 범퍼카를 타고서 마음껏 즐기는 상상을 하며 지냈다.

    그런 상상을 하면서 벤은 마음 속으로 즐거움을 찾는 방법을 배웠다. 한 번도 비행기를 타고 하늘을 날거나 고급 여객선을 타고 바다를 여행을 한 적도, 또는 리무진을 타고 레스토랑에 가서 맛있는 요리를 먹어 본 적은 없었지만, 그러한 장면들을 머릿속으로 그려가며 스스로 만족하는 법을 배워 나갔다.

✼ ✼ ✼

　이렇게 아버지가 집을 떠난 뒤 어머니는 열심히 일을 했지만, 집안 형편은 점점 어려워졌다. 매달 많은 돈을 집을 살 때 받은 대출금으로 내는 게 힘들어졌다. 또 혼자서 두 아이를 키워야 하는 것도 무척 힘들었다. 결국 더 이상은 그 집에서 살 수 없게 되었다. 어머니는 생활비를 아끼기 위해 매사추세츠 주의 보스턴으로 이사하기로 결심했다. 그 곳은 어머니 소냐의 언니인 진 이모와 윌리엄 에이버리 이모부가 사는 집이었다. 어머니는 아이들에게 디트로이트에 있는 자기들 집은 세를 주고 이모네 집에 들어가 살면 매달 내는 대출금을 갚을 수 있다고 말해 주었다. 나중에 돈을 많이 모으게 되면 다시 이 디컨 거리에 있는 집으로 돌아오자고 아이들을 달랬다.

02. 이모네 집에서도 소중한 꿈을 키우다

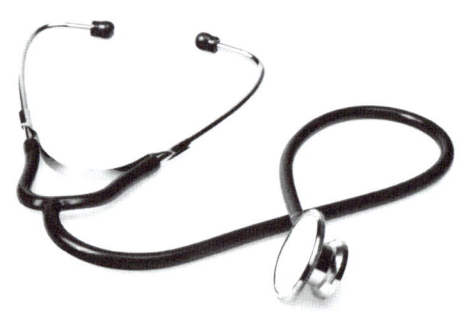

벤은 그때까지 살던 집과 친구들이 있는 미시간 주를 떠나 보스턴에 있는 조그만 아파트로 이사를 하려니 슬픈 생각이 들었다.

하지만 에이버리 이모네 집에 가서 살아야 하는 이유를 벤은 잘 알고 있었다. 게다가 아이들이 다 자라서 따로 나가 살고 있는 뒤라 쓸쓸히 지내던 이모와 이모부는 어린 두 조카에게 많은 사랑을 베풀어 주었다. 그 해 카슨 형제는 보스턴에서 첫 번째 크리스마스를 맞이했다. 이모와 이모부, 그리고 어머니는 두 아이에게 많은 선물을 사 주었다.

　벤은 그중에서도 화학 실험 세트가 너무 맘에 들었다. 벤은 자기 방에 들어가 설명서를 읽고 여러 가지 화학 용품을 섞고 반응하는 것을 보느라 시간 가는 줄 모르고 보냈다. 그중 한 가지 실험 때문에 아파트 안에 썩은 계란 냄새 같은 것이 가득 차는 일이 일어나서 어른들을 난처하게 하기도 했지만, 벤은 그 실험이 정말 재미있었다.

　하지만 보스턴으로 간 것이 모두 좋기만 하진 않았다.

　무엇보다 벤이 사는 아파트 주변 환경이 깨끗하지 않았다. 아파트 건물 뒤는 잡초가 우거져 있었다. 그리고 그 곳에는 쥐들이 돌아다녔다. 벤은 쥐들이 돌아다니는 것이 너무 싫었다. 고양이만큼이나 크고 징그럽게 생긴 큰 쥐들은 아주 많았다. 그 징그러운 쥐들은 보통 때는 아파트 건물에서 멀리 떨어져 살지만, 날씨가 추워지면 지하실로 숨어 들어오곤 했다.

　한 번은 큰 뱀이 지하실로 주르륵 미끄러져 들어온 것을 누군가가 죽였다. 그 뒤로 동네 아이들은 뱀이 아이들을 잡아먹는다는 이야기를 하고 다녔다. 큰 쥐도 보고 뱀에 대한 이야기를 들은 벤은 너무 무서워 지하실 근처에는 얼씬도 하지 않았다.

✳ ✳ ✳

　벤과 커티스 형제는 밖에 나가 놀 때는 아파트에서 그리 멀지 않은 곳에 있는 나지막한 산이 있는 공원으로 갔다. 그 곳에서 두 형제는 서부 탐험을 머릿속에서 상상하며 큰 바위 위를 다람쥐처럼 재빨리 오르내리며 놀곤 했다.

　하루는 벤이 높고 좁은 바위의 가장자리를 아슬아슬하게 건너가게 되었다. 한 손으로 단단한 바위벽의 한쪽을 붙잡고 몸을 바짝 붙였다. 그리고 천천히 반대편 손으로 다른 곳을 붙잡고 몸을 움직이려는 순간이었다. 그때 갑자기 벤이 디디고 있던 바위의 가장자리가 무너져 내렸다. 벤은 한 손으로 바위에 매달리게 되었다. 그리고 저 밑에서 부서진 돌들이 땅에 떨어져 부딪히는 소리를 들었다.

　벤은 손이 닿을 수 없는 저쪽에 넓고 튼튼한 다른 바위가 있는 것을 보았다.

　'저 바위까지 가려면 어떻게 가야 하지?

　벤은 빨리 방법을 생각해 보았다.

　그 곳까지 가려면 새로운 바위를 붙잡고 건너가야 했다. 벤은 매달려 있는 손 말고 다른 손으로 그 바위의 틈이 난 부분을 잡으면 안전한 곳까지 이동할 수 있겠다는 생각이 들었다. 그 곳만 붙잡을 수 있다면 저쪽 튼튼한 바위까지 몸을 날릴 수 있을 것 같았다. 하지만 문제는 벤이 잡으려고 하는 바위틈에는 끈적끈적한 거미줄이 쳐져 있는 것이었다.

벤은 동물을 좋아했다. 아니, 거의 모든 동물을 좋아했다. 거미만 빼 놓고는. 거미는 정말 끔찍이 싫어했다. 언젠가 저 바위틈에 있는 것과 똑같은 아주 큰 늑대거미의 거미줄을 공원의 바위틈에서 본 적이 있었다. 벤은 몸서리가 쳐졌다.

'안 돼, 거미줄 속에는 절대로 손을 안 집어넣을 거야!'

벤은 이렇게 생각하며 아래를 내려다보았다. 저 아래까지는 까마득했다. 생각보다 꽤 높은 곳에 매달려 있었던 것이다. 게다가 바닥은 돌밭이었다. 벤은 아래로 떨어져 돌밭에 머리를 부딪치는 생각을 하자 다시 몸서리가 쳐졌다. 거미도 정말 싫긴 했다. 하지만 떨어지는 것보다는 덜 끔찍할 것 같았다.

"저 바위틈을 붙잡아야 해!"

벤은 중얼거렸다. 그리고 손을 뻗어 거미줄이 쳐진 바위틈에 손을 집어넣고는 꽉 붙잡았다. 그런 다음 얼른 건너뛰어 안전한 바위

위로 건너갔다. 위험에서 벗어난 것이다.

벤은 여기에서 살아남기 위해선 때로는 두려움도 이겨 내야 한다는 아주 중요한 교훈을 배웠다.

벤은 보스턴에 살면서 여러 가지 무서운 일들을 겪었는데, 그것은 단지 어린아이가 상상으로만 생각해서 그런 것은 아니었다. 새로 이사 간 그 동네는 벤이 먼저 살던 디트로이트보다 확실히 위험한 곳이었다. 벤은 아파트 건물 옆에서 노숙자들이 술에 취한 채 잠들어 있는 것을 종종 보았다. 그리고 하루 종일 경찰차가 헤드라이트를 켜고서 사이렌을 울리며 달려가기도 했다.

에이버리 이모의 아들인 사촌 형도 그 동네에서 총을 맞고 죽었다. 그 형은 마약 관련된 일을 하고 있었던 것이다. 벤은 그 형을 무척 좋아하고 잘 따랐었다. 그런 만큼 형의 죽음은 벤에게 더욱 충격이었다. 그러나 형의 행동은 잘못된 일이었다. 그 일은 너무나도 큰 교훈이 되었다. 벤은 그 사실을 늘 마음에 새겼다.

'위험을 감수할 가치가 없는 일도 있는 거야.'

카슨네 가족이 보스턴에서 사는 동안에도 어머니는 한 달 정도씩 친척집을 두세 번 다녀왔다. 벤과 커티스는 어머니가 보고 싶었지만 걱정은 하지 않았다. 한 번도 어머니가 왜 친척집에 가는지 묻지 않았다. 더군다나 이모와 이모부가 두 형제를 잘 돌봐 주어 불편함 없이 지낼 수 있었다. 그런 탓인지 벤과 커티스는 어머니가 돌아올 때쯤엔 어리광이 더 늘어나곤 했다.

보스턴에서 살 때도 디트로이트에서처럼 어머니는 다른 집에 파출부로 나가서 아이들을 돌보거나 집안일을 했다. 이른 새벽에 집을 나가 두 아들이 잠이 든 뒤 돌아오는 날도 종종 있었다. 그럼에도 불구하고 어머니는 시간을 내어 벤과 커티스 형제에게 학교에서 배우는 것들을 물어 보곤 했다. 아무리 오래 일을 하고 돌아와서 몸이 피곤했어도 어머니는 두 아들을 항상 관심을 갖고 지켜보았다.

벤과 형 커티스도 어머니가 자신들의 공부에 관심이 많다는 것을 잘 알고 있었다. 그래서 어머니의 기대에 실망시키지 않도록 공부를 열심히 했고, 그런 덕에 두 형제는 공부도 꽤 잘 했다. 둘 다 보스턴에 있는 조그만 사립학교에서는 우등생이었다.

* * *

벤의 어머니는 늘 두 아들에게 삶의 목표를 세우라고 말했다. 거의 매일 어머니는 아이들에게 자신의 목표는 돈을 모아서 어서 디트로이트의 예전 집으로 돌아가는 거라고 말해 주었다. 그러면서 어머니는 아이들에게 돈의 가치에 대해 가르쳐 주었다. 예를 들어 학교에 갈 때 드는 버스비는 하루에 20센트. 그것은 빵 한 봉지를 살 수 있는 금액으로, 벤과 커티스가 자전거를 타고 학교에 가면 남는 돈으로 가족이 먹는 음식을 살 수 있었다.

벤의 어머니는 이렇게 말하곤 했다.

"일 센트를 아끼면 일 센트를 버는 거야."

아이들은 도서관에서 빌린 책을 한 번도 늦게 반납해서 벌금을 내는 일이 없었다. 그리고 돈으로 바꿀 수 있는 재활용 빈 병들도 절대 버리지 않았다. 아무리 적은 돈이라도 저축하고 모으면 꼭 필요한 곳에 쓸 수 있었다.

어머니가 가르쳐 준 교훈은 이것 말고도 여러 가지가 있었다. 그 중 하나는 정직함이었는데, 벤은 그 교훈을 직접 체험해 볼 소중한 기회가 있었다.

한 번은 가게에서 여종업원이 실수로 벤에게 거스름돈을 너무 많이 주었다. 1달러 대신 10달러를 준 것이다. 벤은 가게 문을 나서기도 전에 벌써 그 사실을 알고서 머릿속으로는 온갖 상상을 다 하고 있었다.

'나머지 구 달러로 무엇을 할까?'

하지만 집에 다 왔을 때 벤은 배가 아프기 시작했고, 돈을 꽉 움켜쥐고 있는 손은 마구 떨려 왔다. 그리고 더는 이것이 행운이라는 생각이 들지 않았다.

벤은 죄책감이 들었고, 자신이 중요한 선택을 해야 하는 순간에 와 있다고 느꼈다. 그 돈을 그냥 가지는 것은 정직하지 못하다고 생각했다. 교회에서나 어머니가 가르쳐 준 것에 따르면 정직은 살아가는 데 있어서 가장 중요한 덕목이었다.

벤은 즉시 발길을 돌려 그 가게로 향했다. 그리고 10달러를 돌려주면서 여종업원에게 어떻게 된 이유인지 설명했다. 여종업원은 늦게라도 돈을 돌려주러 돌아온 벤을 칭찬해 주며, 다시 거스름돈을 제대로 주었다. 벤은 9달러가 없어져서 잠시 속상했지만, 올바른 일을 했다는 생각에 기분만은 세상에서 최고가 된 것 같았다.

몇 해가 지난 뒤 성인이 된 벤은 그 일을 돌이켜 보고 이렇게 말했다.

"그때의 경험은 정직을 지킨 것 이상으로 아주 중요한 사실을 깨닫게 해 주었죠. 그 덕분에 옳고 그른 것을 깨달을 수 있었어요.

그리고 자신이 믿고 있는 신념 안에서 올바른 일을 했을 때 는 돈으로 얻는 것보다도 더 큰 만족감을 얻을 수 있다는 사실도 알았습니다."

* * *

보스턴에서 살았던 두 해 동안 카슨네 가족은 한 푼을 아끼고 열심히 모아서 저축한 덕분에 다시 옛날에 살던 미시간 주로 돌아갈 수 있었다. 그러나 아직도 자신들이 살던 그 디컨 거리의 아담한 집으로 돌아가기에는 돈이 많이 부족했다. 그래도 두 형제는 그날이 점점 가까워지고 있다는 사실을 알고 있어서, 옛 친구들을 다시 만날 수 있다는 생각에 마음이 설레었다.

얼마 뒤 벤과 커티스 형제는 드디어 디트로이트에 있는 한 학교로 전학을 갔다. 그러나 두 형제는 생각지도 못한 문제를 만나고 말았다. 보스턴에서 둘은 모두 우등생이었는데, 디트로이트에 돌아오자 다른 친구들에 비해 성적이 떨어진다는 사실을 알게 된 것이다. 벤은 수업 시간에 선생님이 말씀하시는 수업 내용을 일부밖에 알아들을 수 없었다.

벤은 의료 선교를 하고 싶다는 자신의 꿈이 깨어질 것 같아 겁이 나기 시작했다. 게다가 벤은 다른 친구들이 자신을 놀려 대는 말을 그대로 믿기 시작했다.

두 번째 이야기,
꿈을 이루는 길은 책에 있었어요

모든 아이들이 벤에게 놀랐다. 하지만 가장 놀란 사람은 누구보다도 벤 자신이었다. 벤은 처음으로 자신이 바보가 아니라는 사실을 깨닫게 되었다. 그리고 자신이 정확히 대답할 수 있었던 것은 책을 읽었기 때문이라는 것을 알고는 이렇게 생각했다.
'만일 내가 모든 종류의 책을 다 읽는다면 어떻게 될까? 아마 우리 반의 어떤 아이보다 많이 알게 될 거야. 나를 바보라고 놀리는 아이들보다도 더 많이 알게 될 거야!'

03. 5학년에서 최고 왕바보

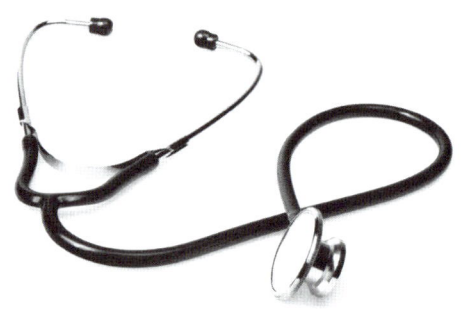

히긴스 초등학교로 전학 온 지 얼마 안 되었을 때 벤에게는 별명이 붙여졌다.

"야, 바보!"

한 아이가 벤을 불렀다. '바보'는 새로운 반 아이들이 벤을 부르는 별명이었다. 5학년 아이들은 벤이 고개를 들고 쳐다보자 더욱더 놀려 댔다.

"벤 카슨은 진짜 왕바보다!"

벤은 얼른 고개를 내리고서 아무렇지 않은 척했다. 하지만 아이들이 바보라고 놀리는 것이 너무나 창피하고 싫었다.

'내가 왜 바보야?'

벤은 이렇게 생각했지만, 매일 그 소리를 들으면서 점점 아이들이 하는 말이 진짜 같았다.

"벤 카슨은 오 학년에서 제일 왕바보!"

다음 날도 아이들은 계속 놀려 댔지만, 벤은 또 딴청을 했다. 싸우고 싶지 않았다.

"얘들아, 카슨은 이 세상에서 최고 왕바보다!"

한 아이가 또 소리쳤다.

'잠깐만! 그래 나는 바보야. 시험 점수를 보면 알 수 있어. 하지만 이 세상에서 최고 왕바보는 아니야!'

이런 생각을 하며 더 이상 참을 수 없게 된 벤은 소리쳤다.

"나는 이 세상에서 최고 왕바보는 아니야!"

"왕바보, 왕바보!"

"난 아니야!"

벤이 다시 소리쳤다.

"너보다 멍청한 왕바보는 이 세상에 없어!"

두 아이는 선생님이 교실에 들어올 때까지 이렇게 서로 소리치며

싸웠다.

그날 오후 수학 시험이 있었다. 시험이 끝나자 시험지를 각각 뒷사람에게 주고 선생님이 답을 말해 주면서 채점을 했다. 벤은 채점이 모두 끝나면 어떤 일이 일어날지 잘 알고 있었다. 모든 학생들은 자기 점수를 크게 말해야 했다. 아주 큰 소리로!

얼마 뒤 채점이 모두 끝나고 벤은 시험지를 돌려받았다. 그리고 자신의 수학 시험지에 진하고 커다랗게 그려진 동그라미를 보았다.

'모든 아이들이 내가 빵점 맞은 걸 알면 더 놀려 댈 텐데…….'

벤은 걱정스러웠다. 벤은 빠져 나갈 궁리를 했다.

'적당히 우물거리며 대답하면 선생님이 잘 모를 거야.'

벤은 이렇게 생각했다. 그래서 선생님이 자기 이름을 부르자 벤은 우물거리며 대답했다.

"고오오~옹."

그것은 통했다.

"뭐, 구라고? 벤저민, 아주 잘 했구나! 애들아, 벤의 점수를 보거라. 내가 열심히 하면 된다고 했지? 그래, 아주 장하구나."

아홉 개를 맞으면 스물한 개를 틀렸다는 뜻이다. 공부를 잘 하는 아이에게는 너무나 부족한 점수였지만, 늘 꼴찌인 벤에게 그 점수는 다른 과목들보다 훨씬 잘 한 것이었다. 그러니 선생님이 그렇게 칭찬을 할 수밖에 없었다. 그러나 그것도 점수를 매긴 여자아이가 폭로할 때까지 만이었다.

"공이라고 한 거예요. 공……, 그러니까 빵점이라고요."

그 애가 소리치듯 말했다.

잠깐의 침묵이 흐르더니 곧 웃음소리가 합창이 되어 교실에 가득 찼다. 선생님은 머리를 절레절레 흔들고 의자에 앉았다. 벤은 뛰쳐나가고 싶었다. 하지만 그러면 더 창피할 것 같아 그저 꾹 참고 아무렇지 않은 척할 수밖에 없었다.

※ ※ ※

어느 날 히긴스 초등학교 5학년 학생들은 모두 시력 검사를 했다. 그날도 벤은 자신이 너무 한심스러웠다. 다른 아이들은 아주 쉽게 시력 검사판의 숫자와 문자를 읽었다. 하지만 벤은 아무리 눈을 크게 부릅뜨고 읽으려 해도 제일 위의 문자밖에는 보이지 않았다.

벤은 창피했다. 자기는 제대로 보고 읽기조차 할 수 없었던 것이다.

"아이들이 바보라고 놀리는 게 맞아."

벤은 중얼거렸다. 이 말을 들은 간호사가 설명해 주었다.

"시력 검사판을 보고 읽지 못하는 것은 네가 바보이기 때문이 아니라 눈이 나쁘기 때문이란다. 너는 안경을 써야겠구나."

잠시 뒤 의사가 벤의 시력을 검사해 보았다.

"눈이 아주 나쁘구나. 거의 장님 수준인걸."

의사가 말했다.

이 시력 검사 덕분에 벤은 안경을 끼게 되었다. 안경을 끼면서 벤의 인생은 믿기 어려울 정도로 달라지기 시작했다. 벤은 교실 제일 뒤쪽에 가서도 선생님이 칠판에 쓴 것을 모두 읽을 수 있었다.

✱ ✱ ✱

몇 주가 지난 뒤 벤은 중간고사 성적표를 받았다. 안경을 쓴 덕분에 칠판 글씨는 읽을 수 있었지만, 갑자기 성적이 좋아질 수는 없었다. 모든 과목이 낙제점인 F인 것이 놀랄 일도 아니었다. 형 커티스도 비슷했다. 벤은 집에 와서 성적표를 식탁에 올려놓고는 자신이 잠들 때까지 어머니가 보지 않기를 바랐다. 하지만 그런 일은 일어나지 않았다.

"벤, 이게 네 중간고사 성적표니?"

어머니는 성적표를 자세히 살펴보며 말했다.

"네, 엄마. 하지만 성적이 전부는 아니잖아요."

벤이 대답했다.

"그렇지 않아. 여기에는 많은 것이 담겨 있어. 네 성적이 앞으로도 계속 이렇다면 너는 평생 공장 바닥만 청소하며 살 거야. 그리고 그것은 네가 정말로 하고 싶은 일은 아니라고 엄마는 생각한단다."

어머니가 대답했다.

어머니는 벤과 커티스를 가까이 당겨 앉히고는 둘의 얼굴을 자세히 들여다보았다.

"얘들아, 엄만 어떻게 해야 할지 모르겠구나. 하지만 하느님은 지혜를 구하는 사람에게는 주신다고 했으니까 오늘 밤 그것을 위해 기도하자. 난 내가 어떻게 너희를 도울 수 있는지 알려 달라고 기도할게."

벤과 커티스는 어머니가 무슨 말을 하는 건지 잘 몰랐다. 어머니가 어떻게 된 게 아닐까? 어머니는 기도하면 하느님이 정말 좋은 성적이 나올 수 있는 방법을 알려 줄 거라고 믿는 것일까?

이틀이 지난 뒤 두 형제는 어머니가 어떤 기도의 응답을 받았는지 알 수 있었다. 그건 벤과 커티스가 정말 하기 싫은 것이었다.

"텔레비전을 끄라고 하시는구나. 앞으로는 일주일에 세 가지 프로만 봐야 해. 그 나머지 시간엔 공부를 하거라."

어머니는 두 아들에게 말했다.

두 형제는 마음대로 텔레비전을 볼 수 없는 게 못마땅해서 어머니에게 불평을 했다. 하지만 어머니의 마음은 바뀌지 않았다.

"그리고 또 매주 책을 두 권씩 읽고 독후감도 써야 해. 그러고 나서 그것을 엄마에게 소리 내어 읽어 주거라."

하느님의 응답은 벤과 커티스가 생각하기에는 그다지 좋은 방법이 아니었다. 하지만 두 형제는 고생하면서 자신들을 키우시는 어머니의 말씀을 거역할 수는 없었다. 두 아이는 전처럼 집에 오면 바로 텔레비전을 켜는 대신 집에서 제일 가까운 도서관으로 가서 책을 골랐다.

벤의 어머니가 아이들에게 너무 엄하게 대한다고 생각하는 사람들도 있었다. 어머니의 친구 중에는 아이들은 밖에 나가 많이 놀아야 한다고 말하는 사람들도 있었다. 그런 사람들은 어머니에게 계속 그렇게 책만 읽게 하면 결국 아이들이 어머니를 싫어하고 반항하게 될 거라는 충고도 했다.

하지만 그 사람들의 생각은 틀렸다. 벤은 한 번도 어머니를 싫어하지 않았다. 물론 벤은 어머니에게 공부만 하는 것이 너무 힘들다고 불평하긴 했다. 하지만 어머니가 자신과 형을 얼마나 사랑하는지, 또 자신들에게 최선의 것을 주기 위해 얼마나 노력하는지 잘 알고 있었다. 그리고 벤은 열심히 공부한다면 자신이 원하는 꿈을 이룰 수 있다는 어머니의 말을 믿었다.

어머니 소냐는 엄하고도 단호했다. 하루는 어머니와 벤이 차를 타고 가다가 갑자기 길이 막히는 바람에 멈춰 서게 되었다. 그때 뒤차가 어머니의 차를 들이받았다. 뒤차의 남자는 차에서 내려 앞차의 사람이 다쳤는지 확인하지도 않고 그대로 빠른 속도로 달아났다. 벤의 어머니는 더 빠른 속도로 그 차를 뒤쫓아가서 붙잡았다. 그리고 자동차 보험증을 보여 달라고 하고서 망가진 차를 완전히 수리하도록 했다.

어머니는 두 아들에게도 마찬가지로 엄하고 단호하게 대했다. 어머니는 두 아들에게 큰 기대를 가지고 있었다. 그리고 그것을 꼭 기억하게 했다. 어머니는 잘살고 성공한 사람들의 집에 가서 매일 청소하며 그 사람들이 살아가는 모습을 눈여겨보았다. 그리고 늘 이렇게 말했다.

"그 사람들이나 우리나 그렇게 다르지 않아. 그 사람들이 성공했다면 우리도 성공할 수 있어. 그 믿음을 마음에 품고 열심히 공부하면 너희도 자신의 꿈을 이룰 수 있을 거야."

어머니는 교육이야말로 아이들에게 가장 중요한 열쇠라고 생각했다. 다른 이들이 어머니에게 두 아들에게 너무 엄하다고 나무랄 때면 이렇게 대답했다.

"당신들이 원하는 대로 얼마든지 말해도 좋아요. 하지만 나는 우리 아이들이 열심히 노력하면 꼭 성공할 수 있다고 믿고 있어요. 우리 아이들은 자립심도 키우고 다른 이들을 사랑하는 법도 배우게 될 거예요. 또 앞으로 무엇을 하게 될지 모르지만 그 분야에서 세계 최고가 될 거예요."

어머니는 두 형제가 읽어야 할 책까지 정해 주지는 않았다. 그래서 두 아이들은 자신들이 읽고 싶은 책을 자유롭게 고를 수 있었다. 벤은 동물을 너무 좋아했다. 그래서 도서관에 있는 동물

책은 죄다 찾아 읽었다. 그 다음에는 식물과 바위에 대한 책도 읽었다.

카슨네 가족은 기찻길 옆에 살았다. 벤은 기찻길 근처에 있는 돌들을 모아 작은 상자에 담아서 집에 가져온 다음, 도서관에서 빌려 온 책과 비교해 보았다. 얼마 뒤에 벤은 그 돌들에 대해 아주 잘 알수 있게 되었다. 그렇게 지식이 쌓여가자 벤은 자신이 자랑스럽게 여겨졌다.

어느 날 과학 시간이었다. 잭 선생님이 크고 반짝이는 검정색 돌을 높이 들어 보이며 물었다.

"이 돌에 대해 아는 사람?"

벤은 공부 잘 하는 아이들이 대답하겠지 생각하고 기다렸다. 그러나 아무도 없었다. 그럼 이번에는 어느 똑똑한 애가 나서서 말하겠지 생각하고 기다렸다. 그러나 모두들 여전히 조용했다. 결국 벤이 손을 들었다. 그러자 반 아이들이 낄낄거리며 수군거렸다.

"얘들아, 저것 좀 봐. 카슨이 손을 들었어. 꼴찌 주제에 뭘 안다고! 어디, 뭐라고 하나 잘 들어보자."

한 아이는 벤에게까지 들릴 정도로 이렇게 말했다.

선생님도 놀랐지만, 미소 지으며 이렇게 말했다.

"벤저민이 손을 들었구나! 그래, 어서 얘기해 보렴."

"그 돌은 흑요석입니다."

벤이 대답했다.

갑자기 교실 안이 조용해졌다. 흑요석이란 이름은 그럴듯했다. 하지만 그 교실의 어느 누구도 그것이 올바른 답인지 아닌지, 아니면 그냥 장난으로 말한 건지 아무도 몰랐다.

"그래, 맞았다. 이건 흑요석이다."

선생님이 크게 기뻐하며 말했다. 아무도 입을 여는 사람이 없었다. 벤은 계속해서 설명했다.

"흑요석은 화산이 폭발하고 나서 용암이 흘러내리다가 물을 만나게 되어 갑자기 식어서 만들어진 것입니다. 여러 가지 원소가 합쳐지면서 공기를 발산하여 돌 표면이 반짝이게 되었습니다."

"정확히 말했다, 벤저민."

잭 선생님은 흥분된 목소리로 다시 한 번 말했다.

"얘들아, 벤저민이 아주 잘 설명해 주었다. 정말 대단하구나."

다음 수업이 시작되기 전에 잭 선생님은 수업이 모두 끝나면 잠시 자기에게 들르라고 벤에게 말했다. 그리고 나중에 벤에게 자기와 함께 돌을 수집해 보자고 제안했다.

모든 아이들이 벤에게 놀랐다. 하지만 가장 놀란 사람은 누구보다도 벤 자신이었다. 벤은 처음으로 자신이 바보가 아니라는 사실을 깨닫게 되었다. 그리고 자신이 정확히 대답할 수 있었던 것은 책을 읽었기 때문이라는 것을 알고는 이렇게 생각했다.

'만일 내가 모든 종류의 책을 다 읽는다면 어떻게 될까? 아마 우리 반의 어떤 아이보다 많이 알게 될 거야. 나를 바보라고 놀리는 아이들보다도 더 많이 알게 될 거야!'

벤은 정말로 놀라운 사실을 발견하게 된 것이다. 하지만 벤은 아직도 책을 읽는 것이 자신의 삶을 얼마나 변화시킬 수 있는지 모르고 있었다. 그것은 벤의 삶에서 최고의 열쇠였고, 자신의 큰 꿈을 이루는 방법이었다.

04. 벤을 괴롭힌 인종차별

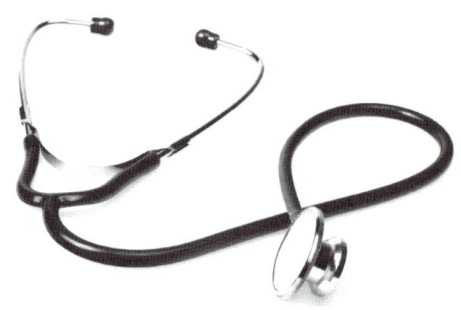

그 시절 미국에 사는 흑인 아이들은 대부분 인종차별을 겪고 있었다. 그래서 거의 모든 흑인 아이들은 흑인 동네에 모여 살고, 흑인 학교에 다니며, 흑인 교회에서 예배를 드렸다.

벤과 커티스도 인종차별을 겪었다. 어머니 소냐는 인종차별로부터 아이들을 지키려고 애썼지만 쉽지 않은 일이었다. 어느 날부터인가 벤은 자신의 반 대부분의 백인 아이들이 흑인과 함께 공부하는 것을 창피하게 생각한다는 사실을 알게 되었다.

존이라는 한 백인 아이가 5학년 대표로 뽑혀 주 전체 학생들이 참

가하는 텔레비전 과학 프로에 나갔을 때의 일이었다. 학교의 거의 모든 5학년 학생들은 그 아이가 프로에 나오는 날 앞다투어 텔레비전 앞에 모여 들었다. 벤은 크리스틴이라는 여자아이 옆에 앉았다. 존이 나올 때쯤 그 둘은 스무고개 놀이를 하고 있었다. 그리고 그 프로의 한 순서가 끝난 뒤, 다음 순서 때 누가 첫 번째로 나올까 알아맞혀 보자는 내기를 하며 존이 나오길 목 빠지게 기다리고 있었다.

바로 그때 어떤 흑인 아이가 텔레비전 앞으로 지나가며 화면을 가리자 크리스틴은 몸을 기울이면서 소리쳤다.

"야, 비켜! 너 또 이러면 팔을 확 비틀어 버릴 거야."

그 순간 벤은 움찔했다. 만일 존이 유색인이었다고 해도 아이들이 저리 좋아할까? 그 순간 벤은 갑자기 무언가가 심장을 찌르는 것처럼 아파 왔다.

그 해 말에 벤은 또 다른 인종차별을 당했다. 어느 날 학교가 끝나고 벤은 백인 아이들과 함께 놀고 있었다. 그때 어떤 백인이 사는 집에서 화난 목소리로 아이들에게 집에 가라고 소리 지르는 것이 들렸다. 벤이 집에 가려고 하는데, 한 아이가 그를 붙잡고 슬쩍 뒤로 끌고 가면서 말했다.

"네가 흑인이라서 더 이상 너랑 놀 수가 없어."

벤은 많은 사람들이 흑인을 좋지 않게 생각한다는 것을 알았다.

벤은 자신이 흑인이라고 무시 당하지 않기 위해서는 책을 많이 읽어 똑똑해지는 방법밖에 없다고 생각했다.

5학년이 끝나갈 무렵에 벤의 반에서는 단어 알아맞히기 시합이 있었다. 모든 아이들이 예상했듯이 일등은 바비 파머라는 공부 잘 하는 아이였다. 하지만 벤은 바비가 '농업(Agriculture)'이라는 단어의 철자를 틀리는 것을 보고 깜짝 놀랐다.

'그 단어의 철자는 나도 아는데!'

벤은 속으로 생각했다. 그것은 바로 그 전날 밤 책에서 읽은 단어였다.

'나한테 쓰라고 했으면 바비보다 더 잘 썼을 텐데…….'

벤은 그날 밤 자기 반에서 제일 똑똑한 학생이 될 때까지 책을 읽기로 결심했다. 그것은 어머니가 벤에게 바라는 것이기도 했다. 벤은 언제 어디서나 책을 읽었다. 학교 가기 전과 학교가 끝난 뒤에도 책을 읽었다. 화장실에서도 책을 읽었다. 버스를 기다릴 때도 읽었다. 벤은 '5학년에서 최고 왕바보'에서 윌슨 중학교 1학년*에서 가장 공부 잘 하는 아이로 바뀔 때까지 계속 책을 읽었다. 예전 초등학교 5학년 때 운동장에서 벤을 놀리던 아이들은 이제 그에게 공부를 도와 달라고 부탁하는 처지가 되었다.

벤은 기분이 좋았다. 벤은 다른 아이들이 자기에게 도와 달라며 오는 것이 좋았다. 친구들이 자신을 존중해 주는 것에 마음이 뿌듯했다.

✼ ✼ ✼

그가 다니는 윌슨 중학교도 히긴스 초등학교처럼 거의 대부분이 백인이었다. 거기에서도 역시 인종차별은 있었다.

벤과 커티스는 기찻길 옆으로 난 길을 따라 중학교를 다녔다. 두 형제는 학교 가는 길에 기차에 몰래 올라타는 놀이를 했다. 커티스는 덮개가 없는 기차 마지막의 화물차 칸에 클라리넷을 던져놓고 얼른 올라탔다. 커티스는 제법 빨리 달리는 기차에 올라타는 것을 즐겼지만, 벤은 좀 느린 기차를 골라서 올라타곤 했다. 사실 이 놀이는 무척 위험한 모험이었다. 두 형제는 사람들이 몰래 기차에 올

---

*중학교 1학년: 미국은 보통 초-중-고등학교가 각각 5-3-4년제, 또는 6-2-4년제로 되어 있다. 벤이 살던 곳의 중학교 1학년은 한국의 초등학교 6학년에 해당된다.

라타지 못하도록 감시하는 철도 관리인이 주변에 없는지를 살피며, 기차에 뛰어 올라타거나 철도를 따라 달려가다가 기차에 매달리는 놀이를 하며 즐겼다.

철도 관리인들은 한 번도 벤과 커티스를 잡지 못했다. 하지만 벤이 혼자 올라타다가 키가 큰 백인 아이들에게 붙잡힌 적이 있었다. 그중 한 아이는 커다란 몽둥이를 들고 있었다.

그 아이가 벤의 어깨를 내리쳐 쓰러뜨리고 다른 아이들은 벤을 빙 둘러쌌다. 도망칠 구멍이 없게 된 벤은, 매우 위험한 상황에 놓이게 되었다. 백인 아이들은 욕을 하면서 벤이 못생긴 흑인을 부르는 이름이라고 놀려 댔다.

벤은 자기 또래에 비해 몸집이 작고 말랐다. 벤은 그 아이들 어느 누구와도 싸워서 이길 수 없었다. 그래서 그저 땅만 내려다보고 있었다.

"다음에 또 걸리면 가만히 안 놔두겠어!"

벤이 저항하지 않자 한 아이가 이렇게 말하고 벤을 놔 주었다. 벤은 학교까지 곧장 뛰어간 뒤 다시는 기차에 올라타지 않았다. 벤에게는 너무나 충격적인 경험이었다.

그 해 말에 벤과 커티스는 미식축구 팀에 들어갔다. 두 형제는 빠르지도 키가 크지도 않았지만, 늘 둘이서 열심히 연습을 했다. 그런데 어느 날 백인 아이들이 인상을 쓰며 몰려와서는 두 형제를 둘러싸고 운동장에서 나가라고 했다. 벤과 커티스는 겁이 났다. 백인 아이 하나가 앞으로 나서며 말했다.

"너희 두 놈, 다시는 여기 나타나지 마. 저 강물에 던져 버리기 전에 말이야!"

그렇게 말하고 그 아이는 돌아서서 가 버렸다.

둘은 집으로 달려갔다. 집에 돌아와서 벤이 형에게 말했다.

"형, 같은 팀 애들이 모두 우리를 싫어하는데 어떻게 같이 경기를 할 수 있겠어? 우리 그만두자."

커티스도 고개를 끄덕이며 대답했다.

"나중에 형편이 좋아질 때까지 기다리자."

두 형제는 그 뒤 다시는 팀 연습에 나가지 않았다. 하지만 아무도 그 백인 아이들을 나무라지 않았다. 팀에 관계된 어느 누구도, 다른 선수들도, 그 애들의 부모도, 또 코치까지도, 두 아이가 왜 연습에 나오지 않는지 아무도 물어 보는 이가 없었다. 벤은 이 모든 일을 정말 이해할 수 없었다.

이렇게 자라면서 여러 번 인종차별에 관한 일을 겪었지만, 벤에게 가장 끔찍한 인종차별 사건은 아마도 중학교 1학년 때 학교 강당에서 있었던 일일 것이다. 전체 학생들이 모인 가운에 한 여선생님이 성적 최우수상으로 벤의 이름을 부르며 앞으로 나오라고 했다. 그 선생님은 상을 주고 나서 뒤로 돌아 마이크를 잡고 백인 학생들에게 흑인에게 최우수상을 빼앗긴 것이 부끄럽지도 않느냐고 말했다.

"너희, 좀더 열심히 하란 말이야!"

그 선생님은 이렇게 소리쳤다. 벤은 선생님이 무슨 말을 하는지 잘 알고 있었다. 그 선생님은 백인이 흑인보다 훨씬 똑똑하니 백인이 당연히 일등상을 받아야 하지 않느냐는 것이었다.

하지만 백인 아이들 중에도 선생님과 다른 생각을 하는 아이도 있었다. 백인 친구 몇몇은 벤을 돌아다보며 말했다.

"선생님이 어떻게 저런 말을 할 수가 있지?"

벤은 무척 화가 났지만 내색하지 않았다. 벤은 그 여선생님을 이해할 수가 없었다. 그 선생님은 벤의 담임을 맡은 적도 있어서 벤이 얼마나 열심히 공부하고 또 성적도 우수한지 잘 알고 있었을 것이다. 벤은 자신이 그 상을 받을 자격이 충분히 있다고 생각했다.

그 일은 늘 벤을 괴롭게 했고, 또 한편으로는 화가 나게 하는 사건이었다. 하지만 다행히도 그 이후로는 더 이상 문제가 일어나지 않았다. 그러다가 고등학교 첫 학기의 마지막 날 벤은 또 한 번 아픔을 겪어야 했다. 그날 벤은 각 과목의 선생님에게 찾아가서 자신의 성적표에 성적을 받아야 했다. 벤은 모든 과목에서 A를 받았다. 그런데 백인인 체육 선생님은 벤의 다른 성적들을 유심히 바라보더니 벤을 한 번 노려보았다. 벤은 체육 과목에서도 당연히 A를 받을 만했다. 하지만 선생님은 벤을 힐끗 쳐다보고는 얼굴을 찡그렸다. 그리고 B를 주었다. 체육 선생님이 벤에게 전 과목에서 A를 받지 못하게 한 것이다. 벤은 억울했지만, 이번에도 어쩔 수 없다는 것을 알고 있었다.

벤은 어머니에게 그 선생님 이야기를 하지 않았다. 예전에 기찻길에서 있었던 일이나, 중학교 1학년 때 최우수상을 받는 자리에서 여선생님이 한 말도 이야기하지 않았다. 또한 커티스나 벤이 둘 다 미식축구 팀에서 왜 나왔는지도 말하지 않았다. 두 형제는 어머니에게 걱정을 끼치고 싶지 않았던 것이다.

세 번째 이야기,

벤을 믿고 기다려 준 어머니

'나는 너무 내 생각만 하며 살았어!'
벤은 속으로 중얼거리며 자신의 행동을 후회했다.
벤은 다시 공부를 하기 시작했다. 그러자 다시 A를 받을 수 있었다. 같은 반 친구들이 '공부벌레'니 '천재'니 하며 놀리건 말건 상관하지 않았다. 그리고 자신을 놀리고 괴롭히는 아이들에게 이렇게 말하며 더 이상은 대꾸하지 않았다.
"그래, 내가 이십 년 뒤에 어떻게 되는지 두고 봐. 나도 너희가 이십 년 뒤에 어떻게 되는지 두고 보겠어."

05. 비싼 옷을 입고 싶어요

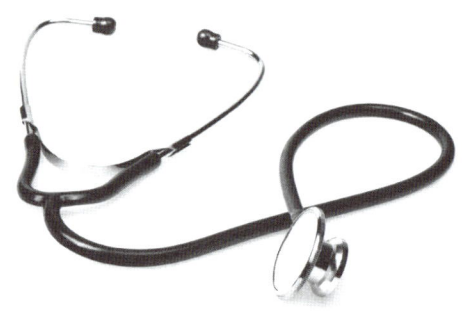

벤이 중학교 3학년 말이 되었을 때 카슨 가족은 디컨 거리에 있는 예전의 그 집으로 이사할 수 있게 되었다. 어머니가 오래 전부터 품고 있었던 계획이 이루어졌던 것이다. 작기는 했지만 가족들이 따뜻하게 쉴 수 있는 아담한 집으로 이사하는 것 말이다.

카슨 가족에게는 드디어 꿈이 이루어진 것이었으나 그것 때문에 벤은 또 다시 전학을 가야 했다. 벤은 정다운 친구들이 있는 월슨 중학교를 떠나 헌터 중학교에 입학했다.

벤은 새로운 학교에 가서도 여전히 가장 공부 잘 하는 학생에 속했다. 하지만 윌슨 중학교 아이들과는 달리 새로운 반 아이들은 벤이 공부 잘 하는 것에 그다지 관심을 두지 않았다.

오히려 아이들은 누가 옷을 잘 입느냐에 관심이 더 많았다. 특히 이탈리아제 고급 양복 윗도리, 실크 바지, 악어가죽 구두, 가장자리가 올라가는 멋진 모자 같은 비싼 옷에 관심을 두었다. 하지만 벤의 어머니는 그런 것들을 사 줄 돈이 없었다.

윌슨 중학교에서 다른 아이들은 공부를 잘 하는 벤을 좋아하고 존중해 주었다. 그러나 헌터 중학교에서 인기를 얻으려면 옷도 잘 입고 야구도 잘 하고, 그리고 무엇보다도 입심이 좋아야 했다. 입심이 센 아이들은 다른 학생들에게 인기도 있었고, 농담도 잘 할 뿐만 아니라 남들도 잘 놀려 댔다. 벤은 전학 간 뒤 일주일간은 입심 센 아이들에게 놀림을 당하고 말았다. 벤은 새로운 학생인데다 옷은 명품 근처에도 가지 못했기 때문이다.

"인디언 추장이 옷이 더러워지면 어떻게 했는지 알아?"

한 남학생이 말했다.

"말해 봐. 어떻게 했는데?"

다른 아이가 대꾸했다.

"저 카슨에게 입으라고 줬대잖아."

"정말 그 옷처럼 보이네."

세 번째 아이가 맞장구쳤다.

"가까이 가서 보면 정말인 걸 알 수 있어. 백 년도 넘은 썩은 냄새가 나거든."

첫 번째 아이가 다시 이렇게 말을 받으며 입심 센 것을 유감없이 발휘했다.

몇 주 동안 벤은 아이들이 아무리 놀려 대도 그저 묵묵히 있었다. 새로운 반 아이들과 어떻게 사귀어야 할지 알 수가 없었다.

'뭐가 잘못된 걸까? 내가 어디가 다른 거지?'

벤은 마음이 답답했다.

벤은 이런 상황에서 살아남기 위해서는 자신도 최고의 입심을 보여 주어야 한다고 생각했다. 벤은 이렇게 다짐했다.

'너희가 말발로 도전한다면, 나도 말발로 대항해 주지!'

그 다음 날, 벤은 한 아이가 도전하길 기다렸다.

"야, 네 옷은 일차 대전, 이차 대전도 지나서 삼차 대전, 사차 대전 때 입었던 옷 같다!"

"그래, 맞아. 네 엄마도 이런 걸 입으셨을 거야."

벤은 아무렇지 않다는 표정을 지으며 대꾸했다.

다른 학생들이 주위에서 낄낄거렸다. 그러자 그 말을 한 아이가 벤의 어깨를 툭 치며 덧붙였다.

"어쭈, 괜찮은데!"

아이들은 곧 흩어지기 시작했다. 그 아이들은 이 전학생에게 함부로 대했다가는 어떻게 당하는지 알게 된 것이다.

벤은 안도의 한숨을 내쉬었다. 그러나 아직도 이 학교에 어떻게 적응해야 할지 걱정스러웠다. 헌터 중학교 아이들은 가난한 사람은 못난 것으로 생각하는 것 같았다.

벤은 자기 가족이 비록 집은 가지고 있어도 여전히 가난하다는 사실을 알고 있었다. 때로는 정부에서 주는 식품 교환권으로 살아가야 할 때도 있었다. 그런 도움을 받지 못한다면 전기세나 수도세도 낼 수 없었을 것이다.

하지만 벤은 학교 아이들에게 자신의 가족이 그런 교환권을 받는다는 사실을 알리고 싶지 않았다. 그래서 우유나 빵을 사러 식료품점에 가서 줄을 서 있을 때 주위에 자기가 아는 학교 친구들이 있는지 두리번거리며 살피곤 했다. 만일 아는 사람이 있으면 무엇인가를 잃어버린 것처럼 행동하다가 가게 뒤쪽으로 가서 그 사람들이다 나가길 기다렸다. 벤은 교환권을 가지고 가게에 갈 때마다 다른 아이들이 자신을 알아보고 집이 가난하다는 것을 눈치챌까 봐 두려웠다.

벤은 고등학생이 되어서도 여전히 자기 옷이 너무 초라한 게 부끄러웠다. 자기도 옷 잘 입는 학생들 틈에 끼고 싶었다. 그래서 어머니에게 옷을 사 달라고 졸랐다.

그러나 어머니는 이렇게 말했다.

"벤, 옷을 잘 입는다고 사람이 달라지는 게 아니야."

"하지만 애들이 다 나를 보고 놀려 대잖아요!"

벤이 대답했다.

"바른 생각을 가진 아이라면 친구 옷을 보고 놀리지 않는단다."

어머니는 또 다시 이렇게 말했다.

"다른 사람들보다 옷을 잘 입는다고 더 똑똑한 건 아니잖니?"

거의 매일같이 벤은 어머니에게 옷을 사 달라고 졸랐다. 자신이 어머니를 힘들게 하고 있다는 사실을 알면서도 어떻게 해서든지 옷 잘 입는 아이들 속에 꼭 끼고 싶었던 것이다.

이렇게 어머니에게 불만을 갖게 되자 벤은 그 뒤로는 학교가 끝나도 집에 곧장 가지 않았다. 대신에 운동장에 남아 다른 아이들과

▲ 10대 시절 씩 웃고 있는 벤의 모습.

어울리기도 하고 농구도 했다. 그러다가 벤은 불량한 아이들과 사귀기 시작했다. 그러자 성적은 A에서 B로, 그리고 B에서 C로 떨어져 갔다.

이런 식으로 성적이 나빠지면서까지 불량한 아이들과 어울렸지만 벤은 여전히 멋쟁이 아이들 속에는 들어갈 수 없었다. 그래서 벤은 어머니에게 이탈리아제 고급 양복 윗도리를 사 달라고 계속 졸라 댔다. 어머니 소냐 카슨은 그런 모습을 보고 벤에게 무척 실망감을 느꼈다. 하지만 어머니는 자신의 아들이 곧 올바른 길로 돌아올 거라고 믿었다. 그래서 어머니는 벤이 단지 유행이나 따르고 머리를 쓰려 하지 않는 그런 사람들보다 훨씬 똑똑하고 현명하다고 믿고 있다고 말해 주었다.

하지만 벤은 자신은 오직 이탈리아제 양복만 있으면 된다고 억지를 부렸다. 그러자 어머니는 할 수 없이 아들과 협상을 했다.

"그래, 좋아. 그렇다면 내가 다음 주에 한 주일 동안 번 돈을 전부 줄 테니, 네가 살림을 하거라. 그 돈으로 음식도 사고 세금 청구서 온 것도 내고, 아무튼 네가 다 알아서 해. 그렇게 하고 남은 건 네 맘대로 해라. 이탈리아제 양복을 사든 말든 네가 하고 싶은 대로 해."

'좋았어!'

벤은 신난다고 생각했다. 벤은 정말로 어머니에게 그 돈을 받아 식료품도 사고 이러저러한 세금도 냈다. 그러나 살림에 필요한 것을 모두 사기도 전에 돈이 바닥이 나고 말았다.

벤은 갑자기 초등학교 3학년까지밖에 다니지 못한 어머니가 지금껏 두 아들을 먹이고 입힌 것이 얼마나 천재처럼 살림을 잘 한 것인지 깨달았다. 지금까지 남의 집에 가서 손가락뼈가 녹아내릴 정도로 바닥을 문지르고 화장실까지 청소해서 한 주에 100달러를 버는 어머니에게 75달러짜리 옷을 안 사 준다고 투정부리고 있었던 것이다.

'나는 너무 내 생각만 하며 살았어!'

벤은 속으로 중얼거리며 자신의 행동을 후회했다.

벤은 다시 공부를 하기 시작했다. 그러자 다시 A를 받을 수 있었다. 같은 반 친구들이 '공부벌레'니 '천재'니 하며 놀리건 말건 상관하지 않았다. 그리고 자신을 놀리고 괴롭히는 아이들에게 이렇게 말하며 더 이상은 대꾸하지 않았다.

"그래, 내가 이십 년 뒤에 어떻게 되는지 두고 봐. 나도 너희가 이십 년 뒤에 어떻게 되는지 두고 보겠어."

벤은 꿈만 가지고 있었던 게 아니라, 그 꿈을 어떻게 이룰지에 대한 계획도 세웠다. 그러나 벤이 그 꿈을 이루는 데는 큰 문제가 놓여 있었다.

06. 다시는 화를 내지 않겠어요

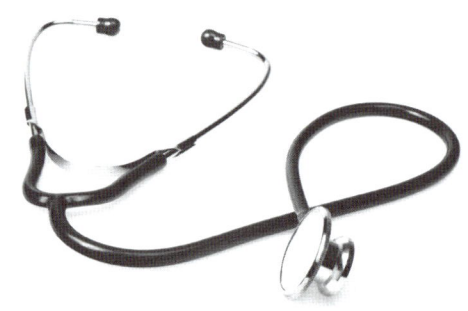

벤은 여덟 살 때부터 열네 살이 될 때까지 의료 선교를 하는 의사가 되겠다는 꿈을 가지고 있었다. 그러나 벤은 나이가 좀 더 들자 집안이 너무 가난했기 때문에 의료 선교보다는 정신과 의사가 되면 더 좋겠다는 생각을 했다.

벤의 주변에는 정신과 의사가 없었지만 텔레비전에서 보면 그 사람들은 정말 부자 같았다. 그 사람들은 큰 저택에서 살고 고급 재규어 자동차를 타고 다니며, 넓고 멋진 병원에서 일하고 있었다. 그리고 그저 하루 종일 정신이 이상한 사람들과 이야기만 하는 것 같았다.

'나는 지금도 하루 종일 정신 나간 아이들과 얘기를 하고 있으니, 정말 정신과 의사가 된다면 더 잘 할 수 있을 거야.'

벤은 이렇게 생각했다.

벤은 매달 발행되는 《오늘의 심리학》이라는 잡지를 읽으면서 꿈을 이룰 새로운 계획을 짜기 시작했다. 벤은 조금 다르기는 하지만 심리학 역시 정신과 의사가 하는 일과 관련이 있을 거라고 생각했다. 그러나 어떠한 의사가 되든 벤에게는 한 가지 큰 문제가 있었다.

※ ※ ※

예전에 벤이 비싼 옷을 사 달라고 했을 때 어머니가 새 바지를 사다 준 적이 있었다. 벤은 그 바지를 보고 말했다.

"난 이런 거 입기 싫어. 내가 원하는 게 아냐!"

"입기 싫다니 그게 무슨 말이냐?"

어머니가 말했다. 어머니는 힘들게 일하고 돌아와서 몹시 지친 상태였다.

"네가 새 바지를 사 달라고 했잖아. 그냥 입어."

"싫어!"

벤이 소리쳤다 그리고 그 바지를 어머니에게 집어 던졌다. 어머니는 그것을 집어 들어 식탁 의자에 걸쳐 놓았다.

"이건 할인해서 산 것이라 바꿀 수도 없어."

"상관없어! 난 안 입을 거야. 난 그런 거 싫어. 안 입어!"

어머니가 다시 말했다.

"벤, 모든 것을 네가 하고 싶은 대로만 할 순 없어."

"내 맘이야!"

벤은 소리 질렀다. 그리고는 오른손을 치켜들고 어머니를 때리려 했다. 그 광경을 보고 있던 형 커티스가 얼른 벤의 팔을 붙잡고 뒤로 끌어당겼다.

벤은 보통 때는 온순한 편이었다. 그러나 가끔 말썽을 부렸다. 그것은 화를 이기지 못해서 생기는 일이었다. 벤은 쉽게 화를 내지는 않았지만 한 번 화가 나면 주체할 수가 없었다. 그 순간에도 벤은 어머니를 때릴 뻔했던 것이다. 하지만 벤은 자신이 화를 참지 못하는 성격이라는 사실을 순순히 받아들이지 않았다. 순간적으로 화를 참지 못해서 벌어진 일이지 자신의 성격에는 아무 문제가 없다고 생각했다.

하루는 벤이 학교에서 다른 아이를 때린 적이 있었다. 그때 벤의 손에 사물함의 자물쇠가 들려 있었기 때문에, 그 손으로 맞은 아이는 이마에 7센티미터나 되는 혹이 생기고 말았다. 벤은 교장실로 불려 가서 꾸중을 들었다. 그 일이 있은 뒤 벤은 화를 내지 말아야겠다고 결심했지만, 얼마 안 가 또 다른 아이에게 돌을 던지는 일이 생겼다. 그 아이는 안경이 깨지고 코피가 터져 버리고 말았다.

그런 일이 생길 때마다 벤은 스스로에게 변명했다.

'난 일부러 다치게 하려고 그런 게 아니야. 난 착한 아이야.'

그리고 마음 속으로 다짐을 했다.

'난 내 성질을 다스릴 수 있어. 별 문제 아니야.'

그러던 어느 날 벤은 화를 참지 못하고 큰일을 벌이고 말았다. 그리고 그 일이 벤의 인생을 바꾸어 놓았다.

벤은 친구인 밥의 집에 가서 함께 라디오를 듣고 있었다. 그런데 밥이 함께 잘 듣고 있던 채널을 갑자기 다른 곳으로 바꾸었다. 벤은 원래 듣던 채널로 다시 돌렸다. 그러나 밥은 또 다시 채널을 돌렸다. 갑자기 벤은 화가 치밀었다. 벤은 주머니에 있던 캠핑용 칼을 꺼내어 칼집에서 칼을 빼고는 밥의 배를 찔렀다. 그 칼끝은 밥의 허

리띠 버클을 찌르고는 부러져 떨어졌다.

벤은 깜짝 놀랐다. 얼른 밥의 옷을 들춰서 배를 살펴보았다. 다행히 아무 이상이 없었다. 하마터면 밥은 피를 흘리며 바닥에 쓰러져 죽고, 벤은 살인자가 되어 남은 10대를 소년원에서 보낼 뻔한 것이다. 칼이 버클에 맞은 것이 천만다행이었다.

놀란 밥은 벤을 쳐다보기만 하고 아무 말도 못 하고 있었다. 벤은 우물거리며 간신히 말했다.

"미, 미, 미……안해."

그리고 칼을 바닥에 떨어뜨리고 집으로 달려갔다. 집에 돌아온 벤은 화장실에 들어가 문을 잠그고 바닥에 꿇어앉았다.

'내가 친구를 죽일 뻔했어. 내가 미쳤나 봐. 사람을 죽이려 하다니…….'

벤은 속으로 중얼거렸다.

벤은 아까의 장면이 자꾸 떠올라 눈을 질끈 감았지만, 그 장면이 계속 머릿속을 맴돌았다. 자신의 손……, 칼……, 부러진 칼날……, 그리고 놀라서 두려움에 떨고 있던 밥의 얼굴.

몇 시간 동안 벤은 그렇게 앉아서 생각하고 또 생각했다. 너무도 끔찍하고 무서웠다. 몸을 바닥으로 숙였다. 자기 자신이 너무도 싫었다.

그때 벤은 간절히 누군가에게 기도해야겠다는 생각이 들었다. 그 좁은 화장실 안에서 마침내 벤은 자신이 너무 화를 잘 내기 때문에 문제가 생긴다는 것을 알았다. 그리고 자신이 성질을 다스리지 못한다는 사실도 깨달았다. 누군가에게서 도움을 받고 싶었다. 바로 하느님의 도움을.

'하느님, 저를 도와 주세요. 다시는 화를 내지 않게 해 주세요.'

벤은 그 자리에서 기도했다.

벤은 《오늘의 심리학》이라는 잡지를 늘 읽고 있어서, 화를 잘 내는 것도 사람의 성격이고, 또 그 사실을 스스로 받아들여야 한다는 사실을 알고 있었다. 보통 사람들은 그것을 고치기 어렵다. 하지만 벤은 그 성격을 고치기 전에는 자신이 원하는 의사가 될 수 없다고 생각했다.

벤은 간절하게 기도했다.

'하느님, 저를 변화시켜 주세요. 하느님은 성경에서 믿고 구하면 이루어 주신다고 하셨는데, 저는 지금 하느님이 저를 변화시켜 주실 거라고 믿습니다. 저를 변화시켜 주세요.'

벤은 화장실에서 나와 성경책을 찾았다. 그리고 다시 화장실에 들어가 바닥에 꿇어앉아서 잠언*을 펼쳤다. 화를 쉽게 내는 사람은 다툼을 일으킨다는 구절이 가장 먼저 눈에 들어왔다. 벤에게 하는 말 같았다. 벤은 그 잠언을 읽고 또 읽었다.

'화 내는 것을 더디 하는 자는 용사보다 낫고, 자기의 마음을 다스리는 자는 성을 빼앗는 자보다 나으니라.'

벤은 그 구절이 하느님이 바로 지금 벤을 위해서 하시는 말씀으로 들렸다. 그것을 읽고 한참을 기도한 벤은 마음이 편해지는 것을 느꼈다. 그제야 벤은 울음을 멈추었다. 손이 떨리고 있었다. 벤은 하느님이 자신의 기도에 응답해 주셨다는 것을 알았다.

벤은 화장실에 들어간 지 네 시간 만에 나왔다. 그리고 화장실에서 나왔을 때 벤은 달라져 있었다.

벤은 여덟 살 때 하느님을 믿기로 결정하고 세례를 받았다. 하지만 네 시간 동안 화장실에서 기도하고 나온 것은 열네 살 때였다. 벤은 전에는 한 번도 겪어 보지 못한, 좀더 성숙하고 깊은 마음에서 우러나오는 신앙심을 느낄 수 있었다. 그때부터 벤은 매일 성경을 읽고 기도했다.

*잠언: 구약 성경 가운데 한 권. 솔로몬 왕의 경계와 교훈을 내용으로 하고 있다.

벤은 또한 더 이상 아무 것도 두려워할 필요가 없다는 것을 알았다. 화장실에서 자신을 변화시켜 주신 하느님은 바로 우주를 창조하신 분이었기 때문이다. 벤은 자신이 그분을 믿고 열심히 노력한다면 이루지 못할 일이 없다는 굳은 믿음을 가지게 되었다.

벤은 그 전보다 더욱 더 자신이 꼭 의사가 돼야 하며, 그렇게 되도록 노력해야겠다고 생각했다. 그리고 그 뒤로 더 이상은 화를 내며 말썽을 부리는 짓은 하지 않게 되었다.

07. 우수한 성적으로 졸업한 고등학교

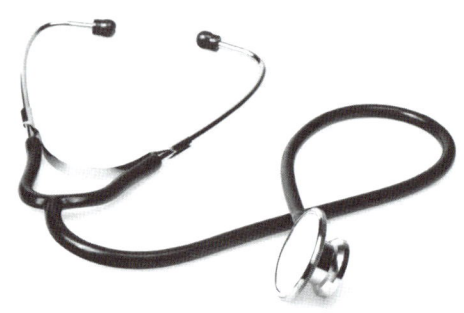

벤은 고등학교 2학년 때 고등학교 ROTC(학도 군사 훈련단) 학생 대령인 샤퍼가 학교 복도를 지나는 것을 보았다. 샤퍼는 양쪽 어깨에 다이아몬드를 세 개씩 붙이고, 가슴에는 리본에 메달을 줄줄이 매달고 있었는데, 그 모습이 너무도 멋져 보였다. 벤은 자신도 ROTC에 들어가면 저런 멋진 제복을 입고 학교에 다닐 수 있다는 생각에 눈이 번쩍 뜨였다. 그렇게 되면 더 이상 낡은 옷을 입었다고 학교에서 놀림을 받지 않아도 될 것 같았다.

벤의 형인 커티스는 이미 ROTC 학생 대위가 되어 학생장을 맡고 있었다. 샤퍼는 커티스와 같은 고등학교 4학년이며 졸업반이었다. 게다가 샤퍼는 디트로이트 시 전체 고등학교의 학생 대령 세 사람 중 한 명이었다.

학생들은 고등학교 2학년 첫 학기 때부터 ROTC에 들어갈 수 있고, 6학기 동안 진급 심사를 거쳐 계급이 하나씩 올라가게 된다. 하지만 벤은 벌써 2학년 중반이어서 조금 늦은 상태였다. 만일 지금 ROTC에 들어간다면 다른 아이들보다 한 학기를 더 다녀야 했다. 벤은 샤퍼처럼 최고의 학생 대령은 될 수 없겠지만, 남은 고등학교 기간 동안 그런 멋진 제복을 입고 다니고 싶었다. 그래서 ROTC에 들어가기로 결심을 했다.

벤은 처음에는 제복이 멋있어서 ROTC에 들어가기로 마음먹었지만, 그 곳에 들어가 활동하면서부터는 옷 보다 배우는 것들이 더 마음에 들었다. 군사학과 전술, 소총의 조립과 분해, 교련과 사격 훈련 등 모든 것이 좋았다. ROTC에 들어가서 첫 학기를 마칠 때쯤 벤은 진급했다. 일등병이나 상등병이 아니고 곧바로 병장이 된 것이다. 그리고 몇 주가 지나지 않아 중사가 되었다가, 곧 또 다시 상사가 되었다.

어느 날 교관이자 현역 육군인 헌트 병장이 벤에게 ROTC의 한 반을 맡아서 잘 훈련시킬 수 있겠느냐고 물었다. 그 반은 말 안 듣기로 유명한, 제멋대로인데다 고집불통에 사고뭉치들만 모여 있는 반이었다. 교관은 그 반을 잘 훈련시키면 다음 학기가 끝날 때 소위로 진급시켜 주겠다고 약속했다. 그렇게만 된다면 벤은 자기보다 한 학기 앞선 다른 ROTC 학생들을 따라잡을 수 있게 된다. 하지만 실패한다면 오히려 망신만 당한다는 것을 잘 알고 있었다. 그러나

▲ 벤(왼쪽에서 세 번째)과 ROTC 친구들.

벤은 도전해 보기로 하고 그 제안을 받아들였다.

벤은 곧 그 반 학생들이 나름대로 자부심을 가지고 있다는 사실을 알아차렸다. 그래서 그 말썽꾸러기들에게 교련과 소총 분해 조립을 열심히 가르쳤다. 벤은 그 반을 그 학기가 끝날 때까지는 학교 전체에서 최고의 ROTC 반으로 만들기로 다짐했는데, 결국 그 일을 해 내고 말았다.

벤은 당연히 진급되었다. 그 뒤 벤은 ROTC 시험을 치러서 디트로이트 시 전체에서 최고 점수를 받고, ROTC 심사 위원들의 면접 시험을 거쳐서 중령으로 진급되었다.

고등학교 3학년 말에 벤은 대령으로 진급했을 뿐만 아니라 디트로이트 시 전체 공립학교의 ROTC 중에서 최고의 자리에 오르게 되었다. 벤은 디트로이트 시 ROTC 대표로 선발되어 윌리엄 웨스트멀랜드 장군도 만나고, 미국 최고의 무공훈장을 받은 사람들 저녁 모임에 초대받기도 했다. 또 현충일 퍼레이드에서는 제일 앞장서서 행진을 했으며, 육군사관학교에서 전액 장학금으로 입학도 보장받았다.

벤은 이러한 ROTC 활동 덕분에 대학 입학 때 큰 가산점을 받을 수 있었다. 그러나 무엇보다도 어떤 일이든 잘 해 낼 수 있다는 자신감을 배운 게 가장 큰 수확이었다. 하지만 벤은 육군사관학교에 가서 군인이 되고 싶은 마음은 조금도 없었다. 그 어떤 것도 의사가 되겠다는 벤의 꿈을 막을 수는 없었다.

* * *

벤은 ROTC 활동을 하면서도 2학년 중반까지 빈둥빈둥 보낸 시간을 만회하기 위해 졸업할 때까지 나머지 2년 동안 정말로 열심히 공부했다. 그 덕분에 벤은 졸업할 때 전교에서 3등을 했다. 게다가 SAT(미국 대학 수능시험)에서도 높은 점수를 받아 원하는 대학은 어디든지 갈 수 있었다. 미시간 대학에서도 장학금을 주겠다는 약속을 했다. 하지만 벤은 집에서 멀리 떨어진 대학으로 가고 싶었다. 넓은 세상에 나가 새로운 경험을 해 보고 싶었다. 많은 대학에서 벤에게 찾아와서 자신들의 대학으로 오라고 제의했다.

하지만 벤은 쉽게 결정을 내리지 못하고 있었다. 그러다가 고등학생으로서는 마지막 학기인 4학년 2학기의 봄*에 벤은 자신이 가

---

*2학기의 봄: 미국의 학교들은 9월 초에 1학기가 시작되어 12월 중순에 끝난다. 그리고 3주 가량의 겨울 방학이 있고, 그 뒤 1월 초에 2학기가 시작되어 6월 중순에 끝난다.

▲ 어머니 소냐 카슨이 벤(왼쪽)과 커티스(오른쪽)의 고등학교 졸업사진을 들고 있다.

고 싶은 대학을 둘로 좁혔다. 예일 대학교와 하버드 대학교. 두 학교 모두 벤이 의사가 되는 데 좋은 뒷받침이 될 수 있었다. 그리고 두 대학 모두 장학금을 주겠다고 약속했다.

어느 일요일 오후, 벤은 대학생들이 나와서 여러 가지 분야의 문제를 푸는, '제너럴 일렉트릭 회사 배' 퀴즈 대회 프로를 보고 있었다. 마침 그날은 하버드와 예일 대학의 학생들이 나와서 대결을 펼치고 있었다. 벤은 예일 대학 팀이 하버드 대학 팀을 510 대 35로 이기는 것을 보고 감탄했다. 벤은 그 자리에서 예일 대학으로 가기로 마음을 정했다.

벤은 고등학교에 입학하기 직전의 여름 방학 때부터 틈틈이 일을 해서 학비를 모아 놓았다. 고등학교 3학년과 4학년 사이의 여름 방학 때는 웨인 주립대학의 생물학 실험실에서 일을 했다. 그리고 고등학교를 졸업한 그 해 여름에는 포드 자동차 회사에서 양복과 넥타이 차림으로 일을 했다.

벤은 어떤 일을 하든 최선을 다했다.

1969년 가을, 벤은 드디어 예일 대학교에 입학했다. 예일 대학 캠퍼스로 걸어 들어가면서 벤은 많은 사람들이 자신을 알아주길 바랐다. 고등학교를 우수한 성적으로 졸업하고 수능시험에서도 높은 점수를 받았기 때문이다. 게다가 몇 달 동안 많은 대학에서 입학 사정관이 몰려와 자기네 대학으로 오라고 졸라 댔으니 자신은 특별한 존재라고 생각한 것이다.

그래서 벤은 이렇게 생각했다.

'내가 여기를 선택한 것을 예일 대학은 고마워해야 돼.'

대학 생활 첫 주가 지나자 벤은 그 곳에서 자신만 똑똑한 것이 아니라는 사실을 알게 되었다. 벤은 다른 1학년 학생들과 저녁 식사를 하면서 수능시험 점수 이야기를 하게 되었다. 같은 식탁에 있는 다른 신입생들은 모두 벤보다 점수가 높았다. 그때 처음으로 벤은 대학이 고등학교보다 훨씬 실력의 벽이 높다는 것을 실감하게 되었다.

벤이 이 사실 때문에 주눅이 들었다면 공부를 소홀히 할 수도 있었다. 하지만 벤은 조금도 기가 죽지 않았다. 사실 그 동안 벤은 미리 공부를 하고 학교에 가긴 했지만 시험 치기 직전까지 최선을 다하진 않았다. 그리고 대개는 하루 이틀 벼락치기 공부를 하고서도 점수를 잘 받을 수 있었다. 하지만 예일 대학에서는 그런 방법이 통하지 않았다.

네 번째 이야기,
꿈을 이루기 위해 항상 최선을 다할 거예요

의과 대학에서 공부하는 동안 벤은 한 번도 편히 지낸 적이 없었다. 늘 다른 사람보다 많은 양을 공부해야 했기 때문에 종종 책을 보다가 그대로 잠이 들곤 했다. 벤은 잠이 들지 않기 위해 기숙사 방 안을 걸어다니며 책을 보았다. 또한 45분 동안 공부하고 15분은 쉬는 식으로 오랫동안 공부하는 방법도 개발했다.

08. 난 최선을 다할 거야

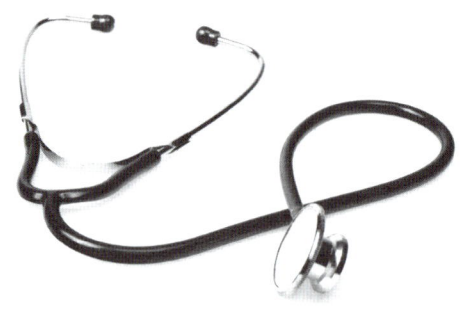

예일 대학에서의 첫 학기에 벤은 매일, 매주 시험을 보았다. 하지만 벤은 갈수록 점점 더 뒤처지고 있었다. 특히 화학 점수가 좋지 않았다. 반에서 꼴찌일 뿐만 아니라 낙제 점수였던 것이다.

화학 기말시험이 있기 전 어느 날 오후, 벤은 심각한 고민에 빠져 캠퍼스 안을 걷고 있었다.

'이번 시험도 잘못 치러서 낙제한다면 더 이상 의예과에 다닐 수 없게 돼. 그러면 절대로 의사가 될 수 없어. 내가 그토록 되고 싶

어했던 의사인데!'

벤은 생각하고 또 생각했다. 그러나 아직 작은 희망은 있었다. 화학 교수님이 한 가지를 약속해 주었던 것이다. 평소의 시험을 아무리 잘못 치렀어도, 기말시험 점수만 좋다면 성적을 잘 주겠다는 것이었다. 이것만이 벤이 화학에서 낙제를 면할 수 있는 길이었다.

어떻게 해서든지 벤은 기말시험을 잘 치러야 했다.

'하지만 무슨 내용인지 제대로 알지도 못하는데 어떻게 시험을 본단 말인가?'

벤은 갑자기 어머니 목소리가 들렸다.

'벤, 넌 마음만 먹으면 무슨 일이든 해낼 수 있어.'

벤은 곧바로 기숙사에 가서 공부를 하기 시작했다. 어떻게 공부해야 좋을지 잘 몰랐지만, 그래도 최선을 다하기로 했다. 벤은 제일 먼저 화학 책을 펼치고 기도를 했다.

'하느님, 저를 도와 주십시오. 저는 항상 하느님이 제가 의사가 되길 원하신다고 생각했습니다. 하지만 이번 시험에 낙제한다면 의사가 될 수 없습니다. 제발 기적을 베풀어 주셔서 제가 시험을 잘 보게 해 주십시오. 아니면, 다른 방법을 알려 주시든지요.'

벤은 몇 시간 동안 공부했다. 책을 읽고 또 읽으며 그 동안 제대로 이해하지 못했던 부분들을 정리해 나갔다. 그날 밤 자정 무렵, 오랜 시간 책상 앞에서 공부한 탓인지 벤의 머릿속은 오히려 평소보다 여러 가지 생각이 뒤엉켜 복잡했다. 책장에 있는 단어들도 흐릿하게 보였다.

결국 벤은 불을 끄고 침대에 누웠다. 잠이 들기 전에 벤은 어둠 속에서 낮게 속삭였다.

"하느님, 제가 못난 모습을 보여 드려서 죄송합니다. 용서해 주세요."

한밤중에 벤은 이상한 꿈을 꾸었다. 꿈 속에서 화학 수업 시간에 앉아 있었는데 어찌된 일인지 자기 한 사람밖에 없었다. 그때 누군가 강의실에 들어와서는 칠판에 화학 문제를 적어 나갔다. 그런데 그 문제와 답들이 선명하게 보이는 것이었다. 벤은 강의실에 앉아 그 문제들을 다 읽었다.

그 다음 날 아침 벤은 어젯밤 꿈 속에서 나온 문제들이 또렷이 기억났다. 벤은 그 문제들을 종이에 썼다. 거의 대부분의 문제와 답이 기억나는 것이 놀라웠다. 답이 왜 그렇게 되는지 잘 모르는 문제는 책을 찾아서 문제를 해결했다. 그리고 나서 벤은 샤워를 하고 옷을 입고 아침을 먹었다. 어제 늦게까지 공부한 탓인지 벤은 너무 피곤해서 머릿속이 멍해 시험을 망칠 것만 같았다.

벤은 강의실로 들어갔다. 꿈과는 다르게 강의실 안에는 학생들이 많이 있었다. 교수님이 강의실 안을 돌면서 6백 명이나 되는 학생들에게 일일이 시험지를 나누어 주었다.

벤은 시험지를 펼쳤다. 그런데 어찌 된 영문인지 첫 번째 문제가 꿈에서 본 것과 똑같았다. 벤은 깊은 숨을 내쉬었다.

'이게 정말일까? 도대체 어떻게 된 걸까?'

벤은 엄지손가락으로 시험지를 죽 훑어 내리며 살펴보았다. 정말이었다. 시험지에 나와 있는 문제들이 대부분 꿈에서 본 것들이었다.

벤은 신나게 연필을 휘둘렀다. 벤은 모든 문제들이 기억났고, 또 그 답도 기억하고 있었다. 시험이 거의 다 끝나 갈 무렵 벤은 기진맥진해졌다. 그래도 이번 시험 성적은 잘 나올 수 있을 거라는 확신이 들었다.

벤은 강의실을 얼른 빠져 나와 한 시간 동안 혼자서 캠퍼스를 걸으며 기도했다.

"하느님, 감사합니다. 오늘 저에게 기적을 보여 주셨습니다!"

그러나 벤은 다시는 이번과 같은 부탁은 하지 않겠다고 하느님께 맹세했다. 앞으로는 최선을 다해 공부하겠다고 약속했다. 그리고 정말 그렇게 했다.

그날부터 벤은 그전보다 더 의사가 되겠다는 결심을 굳게 다지며 열심히 공부했다.

✳ ✳ ✳

예일 대학에서 공부하는 동안 벤은 또 한 가지 중요한 교훈을 얻었다.

수업을 마치고 캠퍼스를 지나 기숙사에 들어갈 때마다 벤은 달라진 자신의 처지에 놀라움을 금치 못했다. 새로 지은 벤의 기숙사는 자신이 지금껏 살았던 집 중에서 제일 좋은 곳이었다. 그것뿐이 아니었다. 디트로이트의 작은 동네에서 살던 가난한 벤이 이제는 부유한 교수님 집에 초대도 받아서 가고, 또 미국에서 제일 부잣집에서 자란 학생들과 함께 공부하고 있는 것이다.

벤은 그 학생들이 부럽기도 했지만, 다른 한편으로는 부자들이 어떻게 살아가는지 자세히 살필 수 있는 좋은 기회도 되었다. 그것은 어머니가 늘 벤과 커티스에게 해 준 말을 확인하는 것이기도 했다. 부자들도 다른 사람들과 다를 바가 하나도 없다는 것. 그리고 누구나 노력하면 얼마든지 성공할 수 있다는 말. 하지만 벤이 자신의 인생을 변화시키는 데는 그런 희망만 가지고 있다고 해서 되는 일이 아니었다. 정말로 의사가 되려면 지금 공부를 열심히 해서 실력을 쌓고 다른 사람들로부터 인정을 받아야 했다.

이와 동시에 벤은 부자들에게 약점도 있다는 사실을 알았다. 부잣집 학생들은 돈이 많다는 것에 감사하는 법이 없는 듯이 보였다. 그 학생들은 기숙사에 최신식 스테레오*를 사다 놓기도 하고, 뉴욕에 가서 비싼 옷을 사 입고, 비싼 곳만 찾아다니며 데이트하면서 지냈다. 그런 식으로 낭비하며 지내는 탓에 공부에 집중하지 못하는 학생이 많았다. 그중에는 1학년 때 낙제를 하고 학교에서 쫓겨나는 학생도 있었다.

벤은 그런 일들을 보고서 돈이 많지 않은 것이 오히려 공부에만 매달릴 수 있게 해 준다고 생각했다. 남들과 휩쓸려 다닐 돈도 없을뿐더러 그럴 시간도 없는 것이 공부하는 데는 도움이 되었다.

---

*스테레오: 두 개 이상의 마이크로 녹음한 음을 두 개 이상의 스피커로 재생해 입체적인 음향을 느끼게 하는 음향 장치.

* * *

그렇지만 형편이 어려운 벤은 여름 방학 때는 돈을 벌어야만 학교에 다닐 수 있었다. 첫 학기가 끝난 여름 방학, 벤은 고속도로의 청소 부서에 들어갔다. 벤이 맡은 일은 고속도로에서 담배꽁초나 쓰레기를 주어 와서 치우는 일꾼들 여섯 명을 감독하는 것이었다. 그 부서에는 많은 일꾼들이 있었는데, 그중의 대부분은 평균적으로 하루 종일 두 자루씩 쓰레기를 주웠다.

그러나 벤이 보기에 그 정도 분량의 일은 더 열심히 하면 한 시간에 끝날 일이었다. 그래서 벤은 자기 일꾼들에게 이렇게 말했다. 만일 아침 6시에 출근해서 다른 사람들보다 한 시간 일찍 일을 시작하고, 또 한 사람 당 25자루, 여섯 명이 합쳐 150자루만 모아 오면 바로 퇴근시켜 주겠다고 한 것이다. 또한 일한 품값도 하루 종일 일한 것과 똑같이 받게 해 주겠다고 약속했다.

그러자 일꾼들은 그 일을 앞다투어 하기 시작했다. 누가 가장 빨리 더 많은 쓰레기를 모아 오는지 경쟁까지 하게 되었다.

벤이 맡은 일꾼들은 시원한 새벽부터 나와서 일을 했다. 그러다 보니 일도 더 빨리 제대로 끝낼 수 있었다. 그래서 빨리 끝난 어떤

날에는 퇴근하려고 사무실로 돌아갔다가 그때 막 출근해서 일을 나가는 다른 일꾼들과 마주치기도 했다. 그러면서 뜨거운 뙤약볕에 나가 하루 종일 일을 해야 하는 그 사람들을 비웃고 놀려 댔다.

▲ 예일 대학 1학년 때의 벤.

벤은 일꾼들에게 회사에서 지시한 방식 대로 일을 시키지 않았다. 하지만 벤의 일꾼들이 엄청난 양의 쓰레기를 모아 오기 때문에 아무도 나무라는 이가 없었다.

그때 벤은 새로운 방식으로 일하는 법을 찾아 내는 것이 나중에 의사가 되었을 때 큰 도움이 되리라는 사실을 알지 못했다. 하지만 벤은 좀더 새롭고 더 나은 방법을 찾아 내려 애쓴 덕분에 먼 훗날 훌륭한 의사가 될 수 있었다.

* * *

벤은 여름 방학 때마다 직장을 찾아다니며 열심히 일을 했지만,

학비를 대기에는 턱없이 모자랐다.

대학교 3학년 때 한 번은 돈이 바닥이 난 적이 있었다. 그때는 차비는 물론 전화비도 없었다. 벤은 혹시 누가 떨어뜨린 돈이라도 주울까 하고 이리저리 땅을 살피며 캠퍼스 안의 오래된 교회까지 걸어갔다. 하지만 땅에 떨어진 돈은 없었다.

그날은 벤이 재시험을 보는 날이었다. 며칠 전에 심리학 시험을 치렀는데 형편없는 점수가 나와 다시 시험을 봐야 했다.

교수님은 150명의 학생들에게 시험지를 나누어 주고 밖으로 나갔다. 벤은 문제를 읽기 시작했다.

'아이고, 이건 먼젓번 시험보다 훨씬 더 어렵잖아!'

벤만 그런 것이 아니었다. 잠시 뒤 다른 학생들이 불평하기 시작했다.

"이건 너무 어려워. 아무리 봐도 모르겠어! 나는 나갈래. 교수님한테는 재시험을 보는지 몰랐다고 할래. 그러면 나중에 다시 시험 보게 해 주겠지. 그때까지 더 공부해서 시험 보면 점수가 잘 나올 거야."

한 학생이 이렇게 말하고 나가 버렸다. 곧이어 다른 학생들도 나가기 시작했다. 그러나 벤은 그대로 시험을 치르기로 했다. 벤 자신에게는 불리한 일이었다.

'하지만 난 최선을 다할 거야! 난 재시험이 있는지 몰랐다는 말은 할 수 없어.'

벤은 이렇게 생각하며, 열심히 문제를 풀었다. 때때로 다른 학생들이 일어나 나가는 소리가 들렸다. 30분이 지나고 나자 강의실에는 벤 혼자만 남게 되었다.

그때 갑자기 문이 열리고 교수님이 사진사와 함께 들어왔다. 그리고 벤의 사진을 찍었다.

"아니, 무슨 일이세요?"

벤이 물었다.

"내가 장난 좀 쳤지. 나는 이번 시험에서 어떤 학생이 가장 정직한지 알아보려 했어. 그 학생이 바로 자네로군."

교수님이 대답했다.

그러고 나서 교수님은 벤에게 상을 주겠다며 무엇을 내밀었는데, 그것은 바로 10달러짜리 지폐 한 장이었다. 뜻밖의 상에 벤은 너무나 기뻤다.

09. 캔디를 만나다

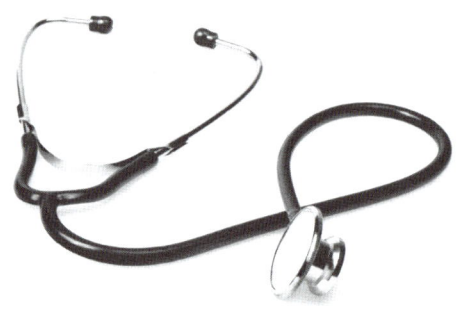

벤은 학비를 벌기 위해 일도 많이 하고 공부도 열심히 해야 했기에 여학생을 만나 데이트할 시간이 없었다. 하지만 벤은 3학년이 되기 바로 전에 캔디 루스틴이라는 여학생을 만나 운명적인 사랑을 하게 되었다.

매년 예일 대학에서는 미시간 주 출신의 신입생 환영회를 그로스포인트 컨트리클럽에서 열었다. 선배들이 마련해 주는 자리였는데, 그 곳에서 벤은 여러 사람들과 끊임없이 이야기를 하며 활짝 웃는 예쁜 여학생을 보았다.

'여기 모인 사람들 중에서 저 애가 제일 맘에 드네!'

벤은 그 여학생을 보며 생각했다.

새 학기가 시작되고 나서 벤은 캠퍼스를 거닐다가 가끔 캔디를 만났다. 벤은 웃으며 캔디에게 공부는 잘 되느냐고 물었다.

"모두 에이 학점을 받을 것 같아요."

캔디가 이렇게 대답하자 벤은 속으로 중얼거렸다.

'와, 엄청 똑똑한 애구나!'

벤은 캔디와 마주칠 때마다 멈춰 서서 말을 걸었다. 그래서 캔디가 예일 대학 심포니 오케스트라와 바흐 심포니 오케스트라에서 바이올린을 연주한다는 것을 알았다.

'재능도 많네!'

벤은 캔디에게 감탄했다.

벤은 예일 대학에 입학할 때부터 학교 근처의 교회에 빠짐없이 다녔다. 교회 사람들은 벤을 가족처럼 대해 주었다. 거의 매 주일 예배 뒤에 교회 사람들은 벤과 벤의 기숙사 동료를 저녁식사에 초대했다. 벤은 교회에서 성가대에 들어가 있었는데, 성가대 지휘자인 오브리 톰킨스 선생님은 벤을 학교까지 데려다 주곤 했다.

벤의 소개로 캔디는 그 교회에서 오르간 연주자 테스트를 받앉다. 하지만 아쉽게도 캔디는 오르간 연주자는 되지 못했다. 대신에 성가대에 들어가기로 했다. 벤과 캔디는 평소에는 학교에서, 주말에는 교회에서 자주 보게 되었다. 얼마 뒤에 그 둘은 예배 뒤에 교회에서 하는 성경 공부도 함께 했고, 학교에서는 수업이 끝난 뒤에 만나기도 했다. 하지만 그때까지 둘은 그저 친구일 뿐이었다. 서로가 공부에 너무 바빠 다른 생각을 할 수가 없었던 것이다.

그 다음 해 추수감사절 연휴 때, 벤과 캔디는 미시간 주 수능시험에서 높은 점수를 받은 학생들과 대화하는 일을 함께 맡게 되었다. 벤은 차를 빌려 둘이서 동네를 돌아다니며 예일 대학에 오고 싶어하는 학생들을 만나서 이야기를 나누었다. 그러는 동안 벤과 캔디는 자신들의 집과 서로의 친구들을 만나는 시간도 가질 수 있었다.

이렇게 바쁘게 추수감사절 연휴를 보낸 벤과 캔디는 연휴 마지막 날 조금 늦은 시간에 다시 예일 대학으로 출발했다. 벤이 빌린 자동차를 그 다음 날 아침 8시까지 돌려주어야 했기 때문이었다. 그 시간에 맞추려면 밤새도록 운전해서 돌아가야 했다. 하지만 벤은 무척 지쳐 있었다.

"밤새 졸지 않고 운전하고 갈 수 있을까?"

벤은 예일 대학이 있는 코네티컷 주 쪽으로 운전하고 가며 캔디에게 말했다. 조금 뒤에 두 사람은 미시간 주를 지나 오하이오 주로 들어섰다. 캔디는 잠이 들었다. 벤은 캔디가 이번 일을 무척 열심히 하느라 피곤한 것을 알고 있었기에 그냥 잠자게 놔두었다.

새벽 1시쯤 벤은 운전하다가 오하이오 주에서 펜실베이니아 주로 넘어가기 전에 나오는 '영스타운'이라는 마을의 이정표를 보았다. 정상적으로 잘 달리고 있었던 것이다. 벤은 정해진 시간에 차를 돌려 줄 수 있을 것 같아 기분이 좋았다.

차 속은 따뜻했다. 캔디는 옆 좌석에서 편안히 자고 있었다. 한밤중이어서 도로에는 차가 몇 대밖에 없었다. 그런데 벤은 피곤한 나머지 운전 도중 잠깐씩 졸고 있었다.

벤은 타이어가 진동하는 소리에 잠이 깼다. 자동차가 차선 경계에 박아 놓은 금속을 밟고 옆으로 넘어가고 있었다. 벤의 눈앞에는 깊은 골짜기가 어둠처럼 입을 벌리고 있었는데, 차는 그 쪽으로 향하고 있었다.

정신이 번쩍 든 벤은 액셀러레이터에서 발을 떼고 도로 쪽으로 최대한 핸들을 홱 돌렸다. 갑자기 방향을 트는 바람에 차는 뒤집어질 것 같았다. 그러나 다행히 차는 뒤집어지지는 않고 한 바퀴 빙 돌더니 도로 한가운데로 들어가 그 자리에서 뱅글뱅글 돌았다.

벤은 핸들을 놓치는 순간 어린 시절의 일들이 한꺼번에 머릿속에 스치며 지나갔다.

'이러다가 죽겠구나!'

벤은 생각했다.

차가 간신히 멈춰 섰을 때는 원래의 차선에서 먼 곳까지 밀려와 있었다. 다행히도 엔진은 꺼지지 않았고, 차는 가야 할 방향을 향해 서 있었다. 벤은 몸을 덜덜 떨면서 차를 간신히 갓길 쪽으로 몰고 갔다. 바로 그 순간 초대형 18륜 트럭이 빠른 속도로 벤의 차옆을 스치고 지나갔다. 아찔한 순간이었다.

벤은 어둠 속에서 시동을 끄고 앉아 있었다.

"이젠 살았어! 하느님, 감사합니다."

벤은 크게 외쳤다.

벤의 소리에 그때까지 잠자고 있었던 캔디가 눈을 떴다.

"무슨 일 있었어요? 왜 서 있어요?"

캔디가 물었다.

"아무 일도 아니야."

▲ 예일 대학을 졸업할 때의 모습. 뒤쪽은 어머니 소냐와 캔디.

벤은 캔디를 안심시켰다. 하지만 캔디는 또 물었다.

"그런데 왜 서 있어요? 무슨 일 있는 거예요?"

벤은 다시 시동을 켜고 도로로 향했다.

"벤, 어떻게 된 거예요?"

캔디가 다시 물었다.

벤은 차를 세우고 깊이 숨을 들이마신 뒤 말해 주었다.

"사실 내가 운전하다가 깜빡 졸았거든……. 그 바람에 하마터면 우리 둘 다 죽을 뻔했어."

캔디는 손을 뻗어 벤의 손을 잡으며 말했다.

"하느님이 우리를 살려 주셨네요. 분명히 우리 두 사람을 살려 주신 데는 깊은 뜻이 있을 거예요."

그 뒤 두 사람은 예일 대학에 도착할 때까지 잠을 잘 수 없었다. 두 사람은 해가 뜰 때까지 차를 몰고 가며 이야기를 나누었.

어느 순간 캔디가 벤에게 물었다.

"나에게 왜 이렇게 잘 해 주는 거죠?"

"내가 착하기 때문이지."

벤이 대답했다.

"장난 말고요!"

캔디가 나무랐다.

"너를 좋아하거든."

벤이 사실대로 말했다.

"나도 당신을 좋아해요. 어느 누구보다도."

캔디가 대꾸했다.

벤은 차를 길가에 세웠다. 그리고 캔디를 쳐다보고 입을 맞추었다. 첫 키스. 그 뒤로 벤과 캔디는 늘 함께 붙어다녔다. 숙제도 함께 했다. 두 사람은 언제나 서로를 격려해 주었다. 둘은 사랑에 빠진 것이다.

✳ ✳ ✳

마지막 학기, 벤은 미시간 의과 대학에 원서를 넣었다. 어느 의과 대학에 가야 할지 고민하는 다른 학생들과는 달리 벤은 무조건 그곳을 선택했다. 벤은 하느님이 자기가 의사가 되기를 원하시고, 자신 역시 열심히 노력했기 때문에 분명히 그 의과 대학에 합격할 것이라고 확신하고 있었다.

어느 날 여러 의과 대학에 입학 원서를 내고 나서 초조해하던 친구가 벤에게 물었다.

"벤 카슨, 넌 걱정도 안 되니?"

"그래. 나는 미시간 의과 대학에 들어갈 거야."

벤이 대답했다.

"어떻게 그렇게 확신해?"

그 친구는 놀라서 물었다.

"당연한 일이지. 우리 아버지가 그 학교 주인이거든."

벤이 대답했다.

벤은 그 친구에게 자신이 말하는 아버지는 이 세상이 태어나기도 전에 우주를 창조하신, 하늘에 계신 하느님이라는 말은 해 주지 않았다. 그 뒤 벤의 말은 맞았다. 미시간 의과 대학에 곧바로 합격이 되었던 것이다.

캔디는 졸업하려면 아직 2년이 남아 있었다. 두 사람은 그 동안 멀리 떨어져 있어야 했다. 하지만 매일매일 서로에게 편지하기로 약속했다.

10. 의과 대학의 어려운 공부

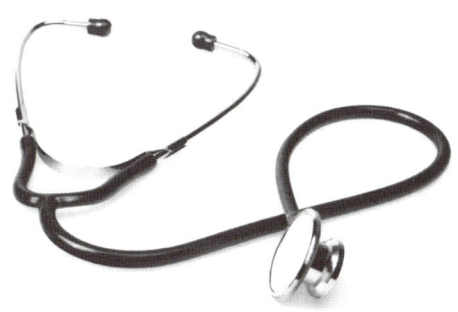

예일 대학을 졸업하고 의과 대학에 가기 전 여름에 벤은 아르바이트 일자리가 필요했다. 하지만 쉽게 일자리를 구하지 못했다. 회사들은 직원을 모집하기보다는 오히려 줄여 나갔다. 어머니 소냐는 그때 세넷 철강회사 회장의 아이들을 돌보고 있었기 때문에 그분에게 벤의 일자리를 부탁해 보았다. 세넷 회장은 벤을 자신의 회사에 보내 보라고 했다.

　세넷 철강회사에 간 첫 날 사람들은 벤에게 기중기 작동법을 가르쳐 주었다. 그리고 연습해 보라고 하고서는 얼마 뒤에 벤을 시험

해 보았다. 그날 집에 돌아갈 때쯤에 회사 사람들은 놀라워하며 벤에게 말했다.

"당신은 기중기를 아주 잘 다루는군요. 처음이라는 게 믿기지 않는데요."

벤이 맡은 일은 아주 좁은 통로로 기중기를 들이밀고, 또 많은 양의 철강을 들어올려서 조심스럽게 트럭에 싣는 것이었다. 높이 쌓아올린 철강을 조심스럽게 들어올린 다음 조정기를 아주 세밀히 조정해 가며 옮겨야 하는 일이었다. 또한 기중기가 벽을 뚫고 나가 무너뜨리지 않도록 브레이크도 걸 줄 알아야 했다. 그리고 철강을 운반하는 도중에 하나라도 떨어뜨리거나 망가뜨리면 안 되었다. 그 일은 손과 눈을 쓰는 기술이 굉장히 필요했다. 이제 갓 대학을 졸업했고, 한 번도 기중기를 다뤄 본 적 없는 벤이 그런 작업을 능숙하게 하는 것은 정말 놀라운 일이었다.

여름이 끝나 갈 무렵, 벤은 자신이 특별한 능력을 가지고 있다는 것을 알았다. 그것은 입체적으로 볼 수 있는 능력이었다. 벤은 엄청난 양의 철강을 어떻게 들어올리고 또 어디로 옮겨야 하는지 한눈에 알아볼 수 있었다. 이렇게 입체적으로 보는 특별한 능력은 나중에 벤이 환자들을 수술할 때 큰 도움을 주었다.

여름이 끝나고 벤은 미시간 의과 대학에 입학했다. 의과 대학에서 공부하는 것은 캔디와 떨어져 지내야 하는 것 말고도 힘든 일이 많이 있었다. 의과 대학 수업은 예상보다 훨씬 어렵고 힘들었다.

벤은 예일 대학을 우수한 성적으로 졸업했는데도 불구하고 의과 대학에 들어가서 첫 학기의 반이 지나갈 때까지 공부하는 게 너무 힘들었다. 겨우 6주밖에 안 지났는데도 벌써 시험 점수가 형편없이 낮아서 상담 교수님과 상담을 해야 할 정도가 되었다.

그 교수님은 이렇게 말했다.

"벤 카슨, 자네는 젊고 똑똑해서 의사 말고도 다른 일을 얼마든지 할 수 있을 걸세."

그 말을 들은 벤은 마음 속에서 그 동안 쌓아온 무언가가 와르르 무너져 내리는 것 같았다. 의사가 되겠다는 꿈은 여덟 살 때부터 꾸어 온 것이었다. 그런데 교수님 말씀은 벤이 의과 대학에 다닐 만큼 머리가 좋지 않다고 말하는 것이다. 한마디로 의과 대학을 그만 두라는 말이었다.

벤이 그럴 수는 없다고 하자, 그럼 수업의 반만 듣는 것이 어떻겠느냐고 제안했다. 그것은 벤이 남들보다 두 배로 오래 학교를 다녀야 한다는 뜻이었다. 벤은 그것도 싫었다. 그래서 벤은 자신의 공부 방법에 어떤 문제가 있는지 원인을 찾기 시작했다.

그리고 곧 벤은 지금의 방식으로는 제대로 공부할 수 없다는 것을 깨달았다. 의과 대학의 수업은 모두 강의 형식이었다. 매일 여섯 시간에서 여덟 시간씩 그냥 앉아서 교수님의 강의만 들어야 했다. 그런 수업에서는 머릿속에 남는 게 하나도 없었다. 그렇다면 어떻게 할 것인가? 벤은 지금껏 강의만 듣는 형식으로는 제대로 공부를 하지 못했다. 그것보다는 늘 책을 읽으면서 공부했다. 그래서 자신이 잘 할 수 있는 방법으로 공부하자고 생각했다.

벤은 그 뒤부터는 강의를 듣지 않았다. 그 대신 자기 방이나 도서관에서 수업 진도에 맞는 책을 읽었다. 필요한 책은 다 읽었다. 그리고 다른 친구들이 강의 시간에 필기한 것도 구해서 읽었다. 모든 과목마다 암기 카드를 만들어 한 장씩 넘겨 가며 공부했다. 그러나 직접 눈으로 보고 익혀야 하는 실험에는 꼭 참석했다.

이 방법은 성공적이었다. 벤의 점수는 날로 좋아졌다. 벤에게 다른 길로 나가 보라고 권한 교수님도 놀랐지만, 무엇보다도 벤 자신이 더 놀랐다.

의과 대학에서 공부하는 동안 벤은 한 번도 편히 지낸 적이 없었다. 늘 다른 사람보다 많은 양을 공부해야 했기 때문에 종종 책을 보다가 그대로 잠이 들곤 했다. 벤은 잠이 들지 않기 위해 기숙사 방 안을 걸어다니며 책을 보았다. 또한 45분 동안 공부하고 15분은 쉬는 식으로 오랫동안 공부하는 방법도 개발했다.

❋ ❋ ❋

세넷 철강회사에서 기중기를 운전했을 때 발견한 입체적으로 바라볼 수 있는 능력 덕택에 벤은 의과 대학에 다닐 때 새로운 수술 기법을 개발해 내기도 했다.

어느 날 벤은 신경외과 교수님이 수술할 때 함께 참여했다.

"머리에서 타원구멍*을 찾는 것이 제일 어려운 일이라네."

교수님은 긴 바늘을 꽂은 채 누워 있는 환자의 머리 수술 장면을 자세히 관찰하고 있는 학생들에게 말했다.

'더 쉬운 방법이 있을 텐데. 틀림없이 다른 방법이 있을 거야.'

벤은 속으로 생각했다.

*타원구멍: 머리뼈에 나 있는 작은 구멍.

수업이 끝난 뒤 벤은 여름 방학 때 일했던 방사선 실험실로 갔다. 거기에서 일하는 친구가 벤에게 모든 장비를 만질 수 있게 해 주어 벤은 여러 가지 실험을 해 보았다. 며칠 뒤 벤은 환자의 머리에 바늘을 여기저기 찔러 댈 필요 없이 작은 금속 링과 엑스레이를 사용해 머리뼈에서 타원구멍을 찾아 내는 방법을 알아 냈다.

벤은 처음에는 그 방법을 교수님들에게 알리고 싶지 않았다. 자신은 아직 의과 대학 학생에 불과했기 때문이다. 교수님들과 신경외과 의사들은 모두 오랫동안 경험을 쌓은 분들이다.

'내 방법이 틀렸으면 망신만 당하고 말 거야. 그리고 내 방법이 옳다 해도 학생이 그런 방법을 찾아 냈다고 하면 싫어할지도 몰라.'

하지만 그 방법을 몇 번 실험해 본 결과 벤은 자신이 옳다고 확신할 수 있었다. 그래서 결국 교수님들에게 그 새로운 방법을 보여 주었다. 그러자 주임 교수님은 매우 놀라며 이렇게 말했다.

"학생인 자네가 새로운 방법을 개발해서 성공하다니 놀라운 일이다. 정말 잘 했어, 벤 카슨."

이 일이 있은 뒤 얼마 안 가 다른 의사들도 벤이 개발한 새로운 방법을 사용하기 시작했다.

✱ ✱ ✱

▲ 의과 대학 졸업식에서 형 커티스와 함께.

의과 대학 졸업반이 되었을 때 벤은 중요한 결정을 내려야 했다. 어느 병원에 가서 인턴과 레지던트를 할 것인지, 그리고 무엇을 전공할 것인지를 선택해야만 했다.

벤은 전공을 선택할 때 이런 생각을 했다.

'내가 잘 하는 것이 무엇일까? 나는 손재주가 있어. 또 매우 신중한 성격이야. 그리고 사람의 머리에 아주 관심이 많아. 신경외과 수술에 참여할 때 아주 재미있었지……. 그래, 나는 분명히 신경외과 수술을 잘 해 낼 수 있을 거야!'

벤은 다른 과는 아예 생각도 해 보지 않고 곧바로 신경외과를 선택했다.

다섯 번째 이야기,
세계 최초로 성공한 샴 쌍둥이 분리 수술

수술실에 있는 모든 의료진들은 삶과 죽음을 결정하는 이 수술이 시간과의 싸움이라는 것을 잘 알고 있었다. 모든 사람이 각자 맡은 일에 매달리면서도 또 서로 힘을 합했다. 20분이 지날 무렵 벤은 두 아기를 연결하고 있던 마지막 혈관을 잘라 냈다. 바로 이 순간 파트릭과 벤야민은 생애 처음으로 두 아기로 분리되었다.

11. 첫 번째 어려운 수술

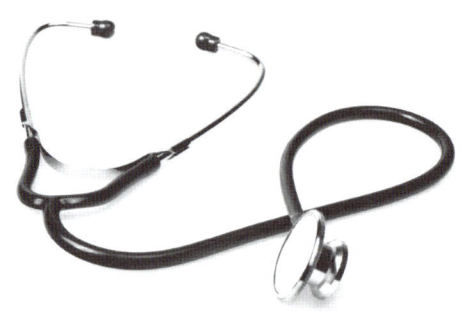

캔디가 예일 대학을 졸업하고 벤이 의과 대학 2학년을 마쳤을 때 벤은 인생에서 최고로 행복한 순간을 맞았다. 바로 두 사람이 결혼한 것이다.

결혼하고 나서 1년 동안 두 사람은 벤이 미시간 의과 대학을 졸업할 때까지 미시간 주의 앤아버라는 도시의 작은 아파트에서 살았다.

의과 대학을 졸업한 뒤에 벤은 신경외과를 전공으로 선택하고 존스 홉킨스 병원에서 인턴과 레지던트 과정을 공부하려고 원서를 넣었다. 존스 홉킨스 병원은 미국 최고의 병원이었으며, 세계 최고의 의학도들이 모이는 병원이었다. 벤은 이 병원에 당당히 합격했고, 두 사람은 병원이 있는 메릴랜드 주의 볼티모어라는 도시로 이사했다.

존스 홉킨스 병원에 출근한 첫 날, 벤은 초록색 가운을 입은 간호사들이 있는 곳으로 걸어갔다. 한 간호사가 벤을 보고 물었다.

▲ 1975년 7월 6일 미시간 주 앤아버에서 열린 벤과 캔디의 결혼식.

▲ 미국 메릴랜드 주 볼티모어 시에 있는 존스 홉킨스 병원.

"누가 보내서 왔나요?"

간호사는 벤이 흑인이기에 심부름 온 줄 알았던 것이다.

"보낸 사람은 아무도 없습니다. 전 새로 온 인턴인걸요."

벤은 미소 지으며 대답했다.

그 간호사는 말을 더듬으며 사과했다.

"괜찮아요. 새로 왔으니 저를 알 리가 없죠."

벤이 아무렇지 않게 다시 말했다.

벤은 1978년부터 1982년까지 존스 홉킨스 병원에서 레지던트로 일했다. 그때까지도 많은 사람들이 흑인인 벤이 미국에서 가장 유명한 존스 홉킨스 병원의 의사가 된 것에 놀라워했다. 또 가끔 벤의 윗사람인 롱 의사에게 흑인이 싫다며 담당 의사를 바꿔 달라는 환자도 있었다. 그때마다 롱 의사는 이렇게 말했다.

"병원을 옮긴다면 할 수 없지만, 이 곳에 있는 이상 당신의 주치의는 카슨입니다."

이렇게 단호한 롱 의사의 태도에 그 뒤로는 아무도 불평하는 이가 없었다.

막 사회에 진출한 캔디는 보험 회사에서 잠시 일했다. 그 뒤에는 병원 연구소의 화학 교수 밑에서 조교로 일했다. 벤은 늘 병원에 붙어 있어야 했기 때문에 거의 집에 들어갈 수가 없었다. 그래서 혼자 있는 시간에 공부를 하기로 마음먹은 캔디는 다시 학교에 다녔다. 이렇게 해서 경영 대학원을 마친 뒤 은행에서 일하게 되었다.

벤은 레지던트 기간 동안 신경외과 대학원을 마쳤다. 많은 교수들이 벤의 연구 실적과 수술 실력, 그리고 성실한 성격을 높이 평가했다. 레지던트를 마칠 때쯤 신경외과의 가장 높은 과장이 벤에게 그 병원의 교수로 남아 달라고 제의했다. 하지만 벤과 캔디는 색다른 계획을 꿈꾸고 있었다.

호주의 한 신경외과 의사가 벤에게 계속 이런 부탁을 하고 있었기 때문이다.

"우리나라 퍼스에 있는 의과대학 부속 병원에 와서 주임 교수로 일해 줄 수 있겠습니까?"

처음에 벤은 대수롭지 않게 생각했다. 하지만 그 호주 의사가 끊임없이 부탁하는 바람에 깊이 생각해 보게 되었다. 결국 벤과 캔디는 호주로 가는 것이 하느님의 뜻이라고 생각했다. 두 사람은 조금씩 돈을 모아 비행기 표를 사서 지구 반대편으로 날아갔다.

벤이 새로 일하게 된 호주의 그 병원은 전 세계에서 오는 신경외과 레지던트들을 가르치는 매우 큰 전문 센터였다. 그 곳에 있는 동안 벤은 미국의 의사들이 평생 배울 수 있는 것보다 훨씬 다양한 기술을 익힐 수 있었다.

몇 년 뒤 호주에서 일을 마치고 벤과 캔디는 갓 태어난 첫아들 머레이와 함께 미국으로 돌아왔다.

벤이 존스 홉킨스 병원의 교수로 돌아오자 모든 사람들이 환영했다. 그리고 나서 몇 달 뒤에 벤은 소아 신경외과의 과장이 되었다.

그때 벤의 나이는 겨우 서른세 살이었다. 그렇게 젊은 나이에 그것도 흑인이라는 차별을 받으면서도 벤은 존스 홉킨스 병원 최초의 흑인 소아 신경외과 과장이 된 것이다.

그 뒤 1년이 좀 안 되어 둘째 아들 벤 주니어가 태어났다. 그즈음 머랜다 프랜시스코라는 어린이 환자가 병원에 들어왔다. 많은 의사들이 그 네 살짜리 환자를 고치려다 포기했고, 환자의 부모도 희망을 잃고 있었다. 하지만 벤은 머랜다를 오래 진찰하고 머랜다의 병을 지금까지와는 다른 방식으로 치료해 보자고 마음먹었다.

벤이 머랜다를 처음 보았을 때 그 꼬마 여자아이는 매일같이 수백 번 발작을 일으켰다. 벤은 그 발작이 머랜다의 입 오른쪽 끝부분이 떨리면서 시작된다는 것을 알아차렸다. 그 뒤에는 얼굴의 오른쪽 부분이 돌아갔고, 다음엔 오른팔과 오른쪽 다리가 꼬이고, 마지막엔 오른쪽 몸 전체가 발작을 일으켰다. 그리고 결국에는 몸이 축 늘어지는 것이었다.

머랜다가 병원에 처음 왔을 때는 음식을 삼키다가 숨이 막힐까 봐 거의 먹지도 못하고 있었다. 또한 걷지도 말하지도 못했고, 하루 24시간 꼬박 보호자가 옆에 붙어 있어야 했다. 거의 약으로만 버티고 있는 상태였다.

몇 주 동안 벤은 머랜다의 상태를 살폈다. 그리고 늘 오른쪽에서 발작이 일어나는 것을 보고는 왼쪽 두뇌의 어느 부분이 잘못된 것이라고 판단을 내렸다. 벤은 이 문제를 동료 의사와 상의한 뒤 과감하게 '반구 절제술'이라는 새로운 방법을 시도해 보기로 결심했다.

반구 절제술은 환자의 두뇌 중에서 절반, 곧 한 쪽을 완전히 떼어 내는 것이다. 이 수술 기법은 몇십 년 동안 시도되기는 했지만 한 번도 성공한 적이 없었다. 하지만 이제는 각종 기술과 수술 기법이 놀라울 정도로 발전했다. 벤은 이 새로운 수술 기법에 관한 모든 기사와 논문을 읽었다.

'어쩌면……. 지금은 성공할 수 있을지도 몰라.'

벤은 이렇게 생각했다.

벤은 이번 일이 지금까지 자신이 한 수술 중에서 가장 힘들 거라는 사실을 알고 있었다. 또한 수술이 잘못되면 자신의 입장이 난처해지고, 많은 의사들에게 비난을 받게 된다는 사실도 잘 알고 있었다. 게다가 이 수술이 한 번도 성공하지 못한 것은 아직 해결하지 못한 수많은 문제점들이 남아 있었기 때문이었다.

뇌의 왼쪽 부분엔 말하는 능력이 들어 있다. 만일 그 뇌를 떼어 낸

다 해도 머랜다가 말을 할 수 있을까? 뇌의 반이 없어져도 걷거나 볼 수 있을까? 왼쪽의 두뇌가 몸의 오른쪽을 조절하니까, 혹시 머랜다의 몸 오른쪽 마비가 그대로 남는 건 아닐까? 아무도 이에 대해 대답을 할 수 없었다.

하지만 분명한 것은, 이 여자아이의 머리를 괴롭히고 있는 병은 점점 나빠지고 있다는 사실이다. 이 발작이 멈추지 않는다면 결국 죽게 될 것이다.

마침내 벤은 머랜다의 부모와 상담을 했다.

"뇌의 반을 떼어 내어 보려고 합니다. 저도 처음 해 보는 수술입니다. 머랜다는 수술 도중 목숨을 잃을 수도 있습니다. 또 수술하다가 다른 쪽 뇌를 다칠 위험도 있습니다."

"수술을 안 받으면 어떻게 되나요?"

머랜다의 부모가 물었다.

"점점 나빠져서 결국엔 생명이 위험하게 됩니다."

벤이 대답했다.

"만일 조금이라도 살 수 있는 가능성이 있다면 수술해 주십시오."

마침내 머랜다의 부모가 대답했다.

수술 전날 저녁에 벤은 머랜다와 그 부모를 만나러 병실로 찾아갔다. 벤은 수술의 모든 과정에 대한 정보를 한 번 더 알려 주었다. 그러고 나서 이렇게 말했다.

"두 분이 한 가지 꼭 해 주셔야 할 일이 있습니다. 저는 수술하기 전에 모든 환자와 부모들에게 이것을 해 달라고 부탁드립니다."

"선생님이 원하는 대로 하겠습니다."

머랜다의 아버지는 자신들이 할 수 있는 게 도대체 무엇인지 알 수 없어 당황해하며 대답했다.

"오늘 밤 기도해 주십시오. 저에겐 기도의 도움이 필요합니다."

벤이 말했다.

머랜다의 부모는 그렇게 하겠다고 대답했다.

벤 자신도 기도하겠다고 머랜다의 부모에게 약속했다. 그리고 그날 밤 벤은 잠자기 전에 하느님께 자신의 손을 이끌어 달라고, 그리고 머랜다 프랜시스코가 살 수 있게 해 달라고 기도했다.

그 다음 날 아침 벤은 수술실에 들어갔다. 시작은 좋지 않았다. 머랜다의 뇌는 발작으로 이미 크게 나빠져 있어서 의사들이 손을 댈 때마다 조직에서 피가 흘러나왔다. 벤이 메스를 대는 곳마다 작은 혈관들이 터지는 바람에 아주 조심스럽게 다시 꿰매고 피를 빼

내야만 다음에 어떤 곳에 메스를 대야 할지 판단할 수 있었다.

벤의 수술 팀에는 다른 신경외과 의사인 네빌 너키 박사를 비롯해서 간호사, 각종 의료기기 전문가, 그리고 마취과 의사들이 포함되어 있었다. 하지만 피가 끊임없이 흘러나와 모두들 너무 힘들어했다. 하지만 지극히 조심스럽게, 그리고 아주 천천히 여덟 시간 이상 수술한 끝에 드디어 벤은 머랜다의 왼쪽 뇌를 떼어 낼 수 있었다. 벤은 수술하는 동안 계속 하느님께 자신의 손을 이끌어 달라고 기도했다.

수술실에 들어간 지 거의 열 시간이 지난 뒤 머랜다의 머리를 다시 꿰매고 나서 의사들은 물러났다. 꼬마 환자의 뇌에서 왼쪽 반을 성공적으로 떼어 낸 것이다. 하지만 그 뒤는 어떻게 될지 아무도 몰랐다.

머랜다의 발작이 멈출 수 있을까? 말은 할 수 있을까?

곧 머랜다를 실은 작은 침대가 수술실을 나갔다. 벤은 자신은 최선을 다했고, 나머지는 하늘의 뜻에 맡기는 수밖에 없다고 생각하며 머랜다를 뒤따라갔다. 머랜다의 부모가 소리를 듣고 복도를 달려왔다. 대기실에서 기다리다 달려온 어머니가 몸을 기울여 딸에게 입 맞추었다.

그때였다. 머랜다가 살짝 눈을 뜨고서 작은 목소리로 말했다.

"사랑해요, 엄마아빠."

머랜다가 말을 할 수 있을지에 대한 의문이 풀리는 순간이었다. 그러고 나서 머랜다는 바퀴 달린 작은 침대에서 몸을 꿈틀거렸다. 오른쪽 팔다리도 움직이고 있었다. 오른쪽이 마비되지 않은 것이다.

머랜다의 수술이 성공적으로 끝나고 말도 할 수 있게 된 소식은 순식간에 병원 안에 퍼졌다. 그리고 무엇보다도 중요한 것은 다시는 마비가 일어나지 않았다는 사실이었다.

▲ 수술이 성공적으로 끝난 뒤 회복되어 병원의 파티에서 놀고 있는 머랜다 프랜시스코.

이 일은 벤 카슨이 해 낸 수많은 반구 절제술 중 첫 번째 수술이었다. 그 뒤 벤이 수술한 환자들은 대부분 다른 병원 의사들이 자신이 없다며 존스 홉킨스 병원으로 보낸 아이들이었다. 벤은 이 수술 이후로 지극히 상태가 안 좋은 환자들을 수없이 만나게 되었다. 그 덕분에 모든 종류의 발작 환자들을 수술하는 전문가가 될 수 있었다. 뇌종양, 교통사고, 선천적인 기형아, 또는 후천적으로 생긴 기형아 등등. 머랜다와 같은 수많은 환자들이 마지막 희망을 안고서 존스 홉킨스 병원으로 왔다. 그리고 많은 어린이들이 발작을 고치고 병이 나아서 병원을 나가 정상적인 삶을 되찾았다.

벤은 이 수술로 유명해졌지만, 벤을 훨씬 더 유명하게 만들어 준 환자는 그 다음에 만난 아이들이었다. 그 아이들은 1987년 2월에 독일에서 태어난 쌍둥이 형제인 파트릭과 벤야민 빈더였다. 그 쌍둥이가 존스 홉킨스 병원에 오면서 벤의 인생은 그 쌍둥이의 인생만큼이나 크게 바뀌게 되었다.

12. 세계 최초로 성공한 샴 쌍둥이 분리 수술

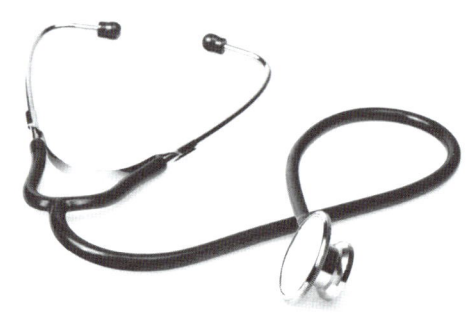

파트릭과 벤야민은 머리가 붙은, 그러니까 서로의 머리뼈가 붙어서 태어난 샴 쌍둥이였다. 샴 쌍둥이는 몸의 일부가 붙어서 태어나는 일란성 쌍둥이를 말하는데, 이러한 샴 쌍둥이는 아주 드물어서 약 2백만 명 중 하나꼴로 태어난다. 하지만 대부분은 태어나자마자 죽게 된다.

샴 쌍둥이가 어떤 원인으로 생기는지는 의사들도 아직 모르는 상태였다. 현재까지 이에 대한 가장 믿을 만한 학설은, 쌍둥이 태아의 수정란이 발생 초기에 제대로 분리되지 않아서 생긴다는 것이다.

하지만 어떤 이들은 제대로 분리가 된 다음에 태아가 다시 붙어서 생긴다고도 한다.

파트릭과 벤야민은 머리를 뺀 나머지 다른 부분은 모두 정상이었다. 두 아이는 뒤통수가 서로 붙어 있어서 반대 방향으로 얼굴을 돌리고 있었다. 머리가 서로 붙어 있으니 두 아이는 절대로 걷거나 기거나, 또는 앉을 수도 뒤집을 수도 없었다. 서로를 볼 수도 없었다.

그 아기들이 태어나고 얼마 안 되어 독일의 이 쌍둥이의 담당 의사들은 존스 홉킨스 병원에 이들 쌍둥이를 분리시킬 수 있는지 문의했다. 벤은 두 아기의 기록을 살펴보고 여러 의학 연구서를 찾아서 공부했다. 벤은 이 수술이 무척 어렵다는 것을 잘 알고 있었다. 그러나 수술만이 두 아기를 살리는 길이었다.

벤은 이 수술이 지금까지 쌓아 온 의사 경력을 걸고 한 번 도전해 볼 만한 것이라고 생각했다. 이 수술에는 70명의 의료진이 필요했다. 소아 마취과 의사 일곱, 신경외과 의사 다섯, 심장과 의사 둘, 성형외과 의사 다섯, 그리고 수십 명의 간호사와 의료기기 전문가들이 한꺼번에 수술실에 들어가야 했다.

벤은 세 명의 동료 의사―크레이그 두프란, 마크 로저스, 데이비드 니콜스―와 함께 독일로 날아가서 그 쌍둥이를 세밀히 진찰하기로 계획을 세웠다. 그리고 두프란 의사는 피부 확장기구를 두 아기의 머리 안쪽에 집어넣어 피부를 서서히 늘어나게 하기로 했다. 두 아기의 머리를 분리하고 나면 많은 피부가 필요하기 때문이다. 이렇게 해서 새 피부가 생겨나려면 몇 달이 걸리고, 그런 다음에야 수술을 시작할 수 있었다.

그러나 벤이 독일로 가기 두 주 전에 이 중요한 여행 계획이 미뤄질 만한 사건이 일어났다. 바로 집에 도둑이 들어서 여권을 도둑맞아 외국으로 나갈 수 없게 된 것이다.

벤은 경찰에 이 일을 알리고 여권을 되찾아 달라고 부탁했다.

"거의 불가능합니다. 아마 어디다 던져 버렸을 겁니다."

경찰관이 말했다.

모든 계획이 틀어지기 전에 빨리 여권을 다시 발급받기 위해 벤은 관공서에 전화를 걸었다.

"죄송합니다. 여권을 다시 만들려면 시간이 꽤 필요합니다."

관공서의 여권 담당자가 대답했다.

독일의 쌍둥이 아이들은 한시바삐 수술을 받아야 하는 상황이었고, 벤은 더 이상 시간을 끌 수 없다고 생각했다. 벤은 간절한 마음으로 기도했다.

그런데 기적적으로 이틀 뒤에 경찰서에서 전화가 왔다. 벤의 여권을 다른 서류들과 함께 쓰레기통에서 찾았다는 내용이었다. 이렇게 해서 벤은 두 아기를 진찰하기 위해 제 시간에 독일로 갈 수 있었다.

독일에서 쌍둥이를 진찰하고 돌아온 존스 홉킨스 병원의 수술 팀은 바로 분리 수술을 준비했고, 그 기간만 다섯 달이 걸렸다. 의사들은 한 번에 세 시간이 걸리는 수술 예행 연습을 벨크로 테이프*가 부착된 아기 인형을 이용해서 다섯 번이나 했다. 수술 예행 연습을 할 때마다 자세한 사항들을 논의하고 잘못될 가능성이 있는 것들은 좀더 나은 방법을 찾아 고쳤다. 심지어는 의료진으로 꽉 찬 수술실에 사람들이 어디에 서 있어야 할지도 정했다.

수술 팀은 저체온법과 순환 우회술을 이용해 수술하고 심장 박동도 일시적으로 정지 시킬 계획을 세웠다. 순환 우회술은 체온을 낮추어 몸의 대사율*을 줄이고, 심폐 순환기를 통해 혈액을 몸 밖으로 빼내어 순환시키는 수술법이었다. 또 의사들은 두 아기의 심장

---

*벨크로 테이프: 단추나 지퍼 대신 붙였다 떼었다 할 수 있는 테이프. 거친 면끼리 부착시키는 것으로, 흔히 '찍찍이'라고도 부른다.
*대사율: 단위 시간 동안 소모하는 에너지의 양.

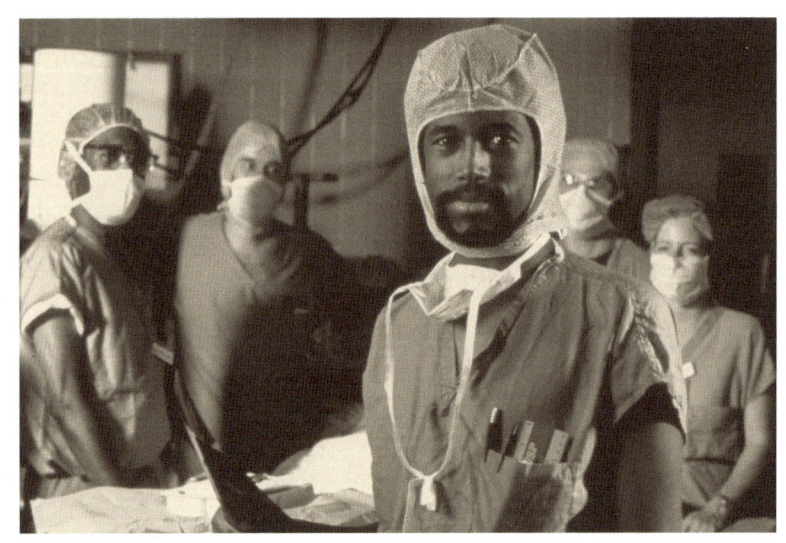
▲ 수술 전의 벤의 모습.

박동도 잠시 정지시키기로 했다. 이 세 가지 방법은 지금까지 한 번도 동시에 사용된 적이 없었다. 하지만 이것만이 뇌 손상을 막을 수 있는 최선의 방법이라고 생각했다.

마침내 1987년 9월 5일 아침 7시 15분, 일곱 달 된 샴 쌍둥이를 분리하는 수술이 시작되었다.

마취과 의사들은 두 아기에게 수술하는 동안 잠잘 수 있게 마취 주사를 놓았다. 심장 전문의들은 심장이 정상적으로 박동하는지 살필 수 있는 감시 장치를 쌍둥이의 몸 속에 집어넣었다.

그런 다음 벤은 아기들의 머리 피부를 자르기 시작했다. 그리고 머리뼈 한 부분을 떼어 내어 보관했다. 본을 뜬 다음 두 아기의 머리뼈를 따로따로 만들기 위해서였다.

이어서 뇌를 싸고 있는 두꺼운 경질막*을 잘랐다. 이 막은 매우 불규칙해서 벤과 다른 의사들이 둘러서서 함께 일을 해야 했다. 아주 천천히 그리고 조심스럽게 의사들은 두 아기의 머리가 연결되어 있는 부분을 잘라 나갔다.

의사들이 머리 뒷부분의 정맥동*이라고 하는 부분에 도달했을 때, 두 아기가 정상보다 훨씬 큰 정맥동으로 연결되어 있는 것을 보았다. 벤이 그 부분을 잘라 내려고 메스를 대는 순간, 피가 마구 솟구치기 시작했다.

수술 팀은 즉시 심폐 순환기에 연결하고서 혈액을 섭씨 35도에서 20도로 낮추었다. 그 다음 심장을 멈추게 하고 심폐 순환기를 꺼서 몸 속의 피가 흐르지 않게 했다. 저체온 상태로 몸의 기능을 멈춰 놓은 것이다. 이렇게 해야 뇌를 분리한 뒤 혈관을 다시 연결하는 동

***경질막**: 뇌를 둘러싸고 있는 3층의 막 중 가장 바깥층의 막.
***정맥동**: 피가 흐르는 통로.

안 출혈로 인해 사망하는 것을 막을 수 있기 때문이었다.

 그러나 이러한 저체온 상태에서는 한 시간 정도밖에 버틸 수 없었다. 그 이상이 지나면 따뜻한 피를 다시 몸 속에 집어넣을 수 없게 되어 뇌손상을 일으키게 되기 때문이다.

 수술실에 있는 모든 의료진들은 삶과 죽음을 결정하는 이 수술이 시간과의 싸움이라는 것을 잘 알고 있었다. 모든 사람이 각자 맡은 일에 매달리면서도 또 서로 힘을 합했다. 20분이 지날 무렵 벤은 두 아기를 연결하고 있던 마지막 혈관을 잘라 냈다. 바로 이 순간 파트릭과 벤야민은 생애 처음으로 두 아기로 분리되었다.

 이 때부터 벤이 한 아기를 책임지고 수술하고, 롱 의사가 다른 아기를 맡았다. 두 아기의 혈관을 다시 이어서 몸 속으로 피가 흐르게 하는 데는 이제 40분밖에 남지 않았다. 의사들 판단에는 이러한 수술에는 적어도 한 시간이 필요했다. 40분 안에 끝내기에는 너무 힘든 일이었다.

 따라서 시간을 줄이기 위해, 심장 전문의들은 벤과 롱 의사가 수술하는 동안 어깨 너머로 들여다보며 혈관을 다시 잇는 데 어떤 모양과 크기의 조직이 필요한지 미리 살폈다. 의사들은 심낭막*에서 조직을 떼어 내어 혈관을 만들었다. 이렇게 한 덕분에 벤과 롱 의사는 매우 빨리 수술을 할 수 있었다. 롱 의사가 먼저 끝마쳤다. 벤도 몇 초 뒤에 끝냈다.

"끝났다!"

누군가가 말했다. 이제 심폐 순환기로 다시 피를 두 아기의 몸속으로 보낼 수 있게 되었다. 그러나 아직 위험한 상황이 끝난 것은 아니다.

의사들은 그 뒤로도 세 시간 동안 수술하면서 잘라 낸 작은 혈관에서 흘러나오는 피를 막기 위해 싸워야 했다. 심폐 순환기를 통해 피를 돌리려면 피가 묽어야 하는데 그렇게 되면 피가 응고되지 않는다. 따라서 잘라진 모든 혈관에서는 피가 계속 나오게 된다. 의사들은 가능한 한 빨리 가는 혈관들을 모두 묶거나 서로 연결시켰다. 그리고 두 아기가 흘린 많은 피를 보충하기 위해 점점 더 많이 수혈을 했다.

이렇게 끊임없이 수혈을 하는 바람에 결국 병원에 준비해 놓은 혈액이 모두 바닥나고 말았다. 곧 볼티모어 지역에 있는 모든 병원에 전화를 걸어 혈액을 구했고, 간신히 적십자 혈액 은행에서 혈액

* **심낭막**: 심장 주위를 둘러싸고 있는 주머니.

형이 맞는 피를 찾을 수 있었다. 의사들은 이렇게 어렵게 구한 4.6킬로그램의 피로 가까스로 수술을 끝마칠 수 있었다.

의사들이 더 이상 출혈이 되지 않게 막긴 했지만 아직 안심하기에는 일렀다. 두 쌍둥이 아기의 뇌가 너무 빨리 부풀어오르기 시작해서 외과 의사들이 머리뼈를 다시 닫기 힘들게 되었기 때문이다. 그래서 할 수 없이 약을 주사해서 혼수상태로 만들어 뇌의 활동성을 낮출 수밖에 없었다.

마침내 벤과 다른 신경외과 의사들이 뒤로 물러나고, 성형외과 의사들이 머리뼈 조각들을 맞추어 봉합한 뒤 머리 피부를 다시 씌웠다. 수술을 시작한 뒤 22시간이 지나서야 의료진들은 수술실 밖으로 나갈 수 있었다. 한 의사가 쌍둥이의 어머니에게 가서 미소를 지으며 물었다.

"어떤 아기부터 먼저 보시겠습니까?"

벤은 이 수술이 그저 첫 발을, 샴 쌍둥이 분리 수술이라는 엄청나게 큰 일에 첫 발을 뗀 것에 불과하다는 사실을 잘 알고 있었다. 수술은 무사히 끝났지만, 아직 두 아기가 정상으로 회복되는 데는 긴 과정이 남아 있었다. 벤은 기도했다.

"하느님, 두 아기를 살려 주십시오. 잘 이겨 낼 수 있게 도와 주십

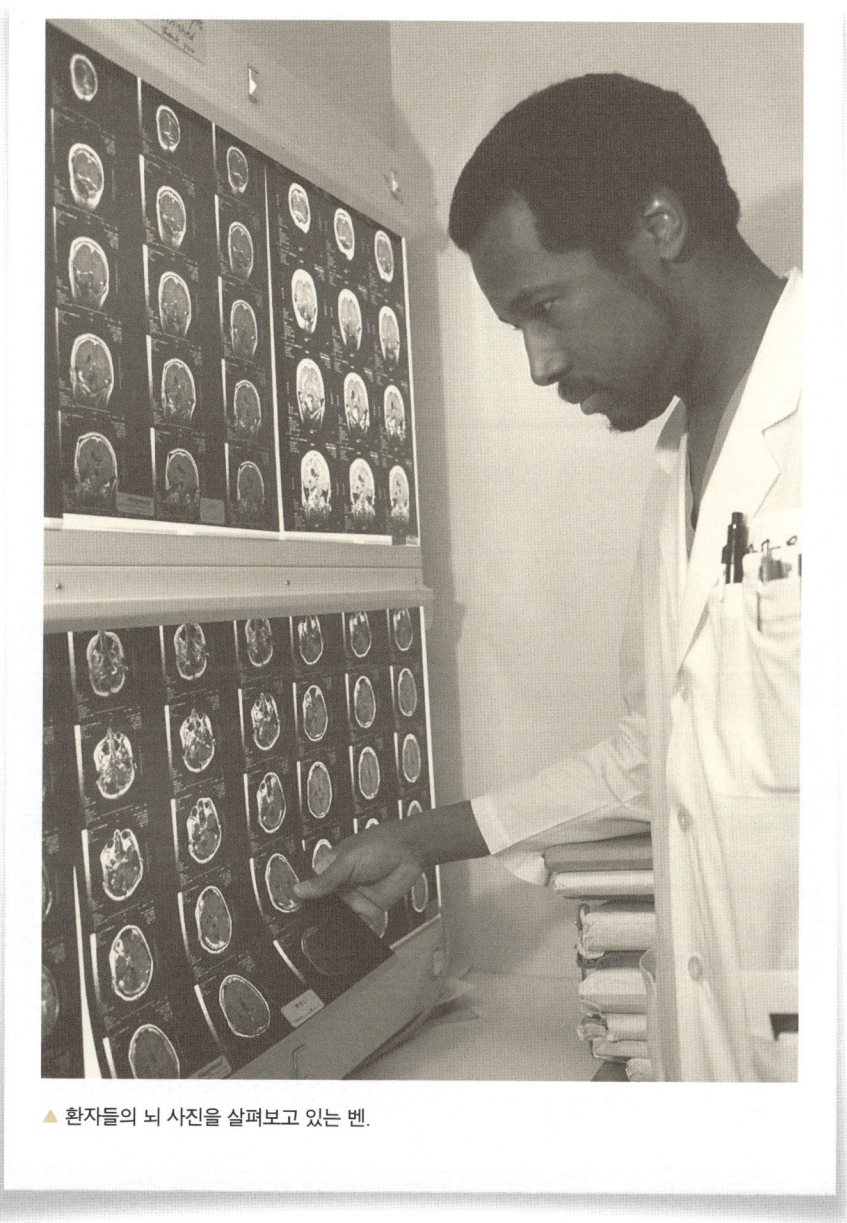

▲ 환자들의 뇌 사진을 살펴보고 있는 벤.

시오!"

쌍둥이 아기 파트릭과 벤야민은 열흘 동안 혼수상태에 빠져 있었다. 그 기간 동안 의사들과 쌍둥이의 부모는 오직 희망을 가지고 기다릴 수밖에 없었다. 그리고 기도하는 것밖에는.

'아기들이 과연 깨어날까? 또 정상적으로 살아갈 수 있을까?'

벤은 이런 생각을 하며 혼자 중얼거렸다.

"모든 것이 하느님의 손에 달려 있어. 언제나 그렇듯이."

수술하고 나서 2주째 중간쯤 되는 어느 날, 벤은 쌍둥이의 상태를 확인하러 병실에 들렀다. 그리고 놀라서 소리쳤다.

"아기들이 움직이네! 저것 봐요, 왼쪽 발을 움직이잖아요. 보이세요?"

그날 오후가 되자 두 아기 모두 눈을 뜨고 주위를 둘러보았다.

"눈을 떴어요! 두 아기가 모두 눈을 떴어요. 나를 쳐다보고 있어!"

누군가가 외쳤다.

"감사합니다. 감사합니다!"

벤은 하느님에게 감사하고 또 감사했다.

몇 달 뒤, 부모인 테레사와 프란츠 빈더는 귀여운 쌍둥이를 데리고 독일의 집으로 돌아갔다. 그리고 이 수술 사실을 알고 있는 주변의 모든 단체에서는 벤을 축하해 주었다. 그때부터 미국 안의 다른 병원은 물론 세계 여러 곳에서 벤에게 진찰 받기 위해 환자들이 찾아오기 시작했다. 그와 동시에 여러 단체와 학교는 물론 어린아이들과 노인들에 이르기까지 모든 사람들로부터 벤에게 성공담을 이야기해 달라는 초청이 밀려들기 시작했다.

반에서 꼴찌였고, 바보라고 놀림 받던 가난한 흑인 소년이 세계 최초로 샴 쌍둥이 분리 수술 성공이라는 놀라운 일을 해 내 전세계의 주목을 받게 된 것이다.

여섯 번째 이야기,
불가능한 수술을 해 내며
전 세계에 이름을 알린 벤

이제 벤의 손은 떨리지 않았다. 마음도 가라앉았다. 마치 자기 손이 움직이는 것을 그냥 지켜보듯이, 다른 누군가가 대신 수술하는 것을 보는 것만 같았다.

하나씩 하나씩 백 개도 넘게 마구 엉켜 있는 혈관들을 나누고 자르고 클립으로 죄고, 다시 이었다. 벤이 두 아기를 연결하고 있는 마지막 혈관을 잘랐을 때 스테레오 시스템에서는 헨델의 메시야 중 할렐루야 합창곡이 나오고 있었다. 그 순간 수술실에 있는 모든 의료진은 놀라운 일이 일어날 것 같은 기대감에 휩싸였다.

13. 또 다른 샴 쌍둥이

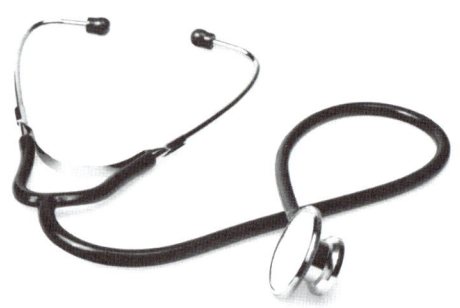

벤은 빈더 쌍둥이의 수술과 같은 일은 일생에서 다시 오지 않을 줄 알았다. 하지만 그렇지 않았다. 7년 뒤 벤은 또다시 샴 쌍둥이를 수술하게 되었다.

1994년 1월, 병원에서 일하던 벤은 전화 한 통화를 받았다. 한 남자가 수화기를 통해 말했다.

"저는 새무얼 모코콩이라는 의사입니다. 남아프리카의 메둔사 의과 대학의 신경외과 교수입니다."

이렇게 상대방은 자기 소개를 했다. 벤도 자기 소개를 한 뒤 물었다.

"그런데 무슨 일이신가요?"

모코콩 의사는 남아프리카에서 빈더 쌍둥이와 비슷한 쌍둥이를 치료하고 있다고 말했다. 그리고 벤에게 그 쌍둥이 여자 아기를 분리시키는 것을 도와 달라고 부탁했다.

그리고 벤에게 전화한 뒤 한 달도 채 되기 전에 모코콩 의사는 서류를 챙겨 가지고 미국에 왔다. 그 쌍둥이 아기의 이름은 은타비셍과 말라스테 마쾌바였고, 빈더 쌍둥이처럼 머리 뒤쪽이 붙어 있었다. 하지만 빈더 쌍둥이보다는 붙은 부위의 크기가 작았다. 벤은 이 쌍둥이들을 살리고 싶었다.

모코콩 의사가 벤에게 메둔사로 가서 수술 팀을 이끌어 달라고 요청했을 때, 벤은 수술 환경이 많이 다를 것이란 사실을 알고 있었다. 빈더 쌍둥이의 수술은 몇 달에 걸쳐 철저하게 준비를 했었다. 또한 그 수술 팀은 존스 홉킨스 병원에서 제일 가는 의사들로 구성되어 있었고 벤이 전부터 함께 일하던 의사들이었다. 하지만 메둔사에 가면 거의 알지도 못하는 의사들과 일해야 했다.

게다가 또 다른 문제가 있었다. 존스 홉킨스 병원에는 미국에서 제일 좋은 의료 기구들이 준비되어 있었다. 하지만 남아프리카 메둔사의 병원에 그런 장비들이 없다면 어떻게 할 것인가? 지금까지 아프리카 대륙에선 이런 수술을 한 번도 해 본 적이 없었을 것이다.

벤은 이 수술을 결정하려고 기도하면서 빈더 쌍둥이를 떠올렸다. 그 수술은 의사인 벤에게 갑자기 생긴 정말로 놀랄 만한 일이었다. 빈더 쌍둥이의 수술은 전 세계 의료계에 새로운 문을 열어 주었다. 그리고 그 일은 벤에게도 전혀 예상치 못했던 새로운 세계로 이끌어 주는 기회가 되었다. 전에는 한 번도 생각도 할 수 없었던 일, 유명해져서 모르는 사람들에게 편지를 받고, 또 여러 곳에 초청받아 강연하게 된 것과 같은 일들 말이다.

벤은 빈더 쌍둥이 수술로 인해 생긴 이 모든 일들을 떠올리면서 문득 이런 생각이 들었다.

'하느님께서 나에게 또 다른 샴 쌍둥이를 맡기시는 것은 무언가 뜻이 있을 것이다. 이 일로 남아프리카처럼 의료시설이 형편없이 부족한 나라에 변화가 생겼으면 좋겠다.'

벤은 메둔사에 가면 어떤 일이 일어날지 무척 기대가 되었다. 그는 모코콩 의사를 돌려보내면서 필요한 장비 명단을 주고, 의사와 간호사 그리고 의료 기기 전문가 등 최소한 60명의 의료진이 필요하다고 알려 주었다.

　벤이 남아프리카에 도착하자 모코콩 의사는 좋지 않은 소식을 가지고 공항에 마중 나왔다. 쌍둥이 상태가 나쁘다고, 너무 아파서 수술 받을 수 없을 것 같다고 했다. 벤이 진찰해 보니 정말 그랬다. 그 쌍둥이들이 다시 회복되려면 두 달은 필요했다.

　하지만 벤은 그 쌍둥이들을 함께 수술할 의료진을 직접 만나 어떻게 하는 게 좋을지 의논하기로 했다. 또한 메둔사 병원의 의료 시설들을 대강 살펴보았다. 미국의 병원들과는 사정이 너무 많이 달랐다.

　환자들은 문이 없는 열린 큰 방에서 20~30명이 한꺼번에 누워 있었다. 창문들이 열려 있어서 밖의 먼지나 나뭇잎, 각종 오염물질이 바람에 실려 들어오고, 때로는 벌레까지도 날아들었다.

　벤은 병원 안을 돌아보며 의사와 간호사들이 어떤 식으로 환자를 돌보는지도 살폈다. 다행히 환자들은 좋은 보살핌을 받고 있는 것 같았다.

　생각보다 일찍 미국으로 돌아오면서 벤은 강한 자신감을 얻었다. 수술은 6월에 하기로 결정했다.

　벤은 남아프리카로 다시 가기 전에 영예로운 상을 받았다.《에

센스》라는 잡지사에서는 해마다 전 세계에 커다란 공헌을 한 미국의 흑인 여성들에게 상을 주는데, 그 해인 1994년부터는 미국 흑인 남성들에게도 상을 주기로 했으며 벤도 거기에 포함된 것이다.

벤과 캔디 부부는 비행기를 타고 뉴욕에 가서 수상식에 참석했다. 그 곳에 온 사람들을 둘러보니 유명한 사람들이 많이 있었다. 제시 잭슨 목사, 영화 감독인 스파이크 리, 영화 배우 덴젤 워싱턴, 코미디언 에디 머피. 이들이 모두 함께 상을 받는 사람들이었다. 벤이 1987년에 그 빈더 쌍둥이의 분리 수술을 하지 않았다면 이 자리에 오지 못했을 것이다.

그리고 어느덧 마쾌바 쌍둥이를 수술하기로 약속한 6월이 되었다. 벤은 다시 남아프리카로 갔다. 하지만 이번에도 어려운 문제에 부딪히고 말았다. 마쾌바 쌍둥이는 지난 4월보다 상태가 더 안 좋았다. 특히 심장이 아주 약해져 있어서 빨리 분리 수술을 하지 않으면 생명을 잃게 될 만한 상태였다.

벤은 모든 의료진을 한 자리에 모으고 급히 진행해야 할 일들을 알려 주었다. 모두들 쌍둥이 여자 아기의 상태가 좋지 않다는 것을 알고 있었다. 게다가 더 신경 쓰이는 일은 미국의 한 텔레비전 방송국에서 그 수술 과정을 모두 녹화하기 위해 직원들을 보낸 것이다.

빈더 쌍둥이의 수술 때처럼 이번에도 여러 신경외과 전문의와 심장 수술 전문의, 성형외과 전문의, 그리고 많은 간호사와 의료 기기 기술자들이 필요했다. 수술실에는 새로운 환풍기와 새로운 수술 도구를 갖추었으며, 마취과 의사와 심장 혈관 의사들이 사용할 최첨단 기술의 모니터도 설치해 놓았다.

아기들이 분리된 즉시 떨어져 치료받을 수 있도록 두 개의 수술대도 만들었다. 수술 팀 역시 둘로 나누어 재빨리 각각의 아기를 둘러싸고 머리뼈와 피부를 씌울 수 있도록 준비했다. 벤은 빈더 쌍둥이의 수술 때처럼 긴급 상황이 생길 것을 대비하여 병원에 많은 양의 피를 준비해 달라고 부탁했다.

수술은 성형외과 의사들이 몇 달 전에 미리 머리 피부가 늘어나게 집어넣은 것을 제거하면서 시작되었다. 이 일이 끝나자 신경외과 의사들의 차례가 되었다.

벤이 머리뼈를 자르는데 피가 비정상적으로 많이 흘러나오기 시작했다. 그래서 피를 멈추게 하기 위해 많은 시간 애를 써야 했다. 머리뼈의 봉합된 부분을 모두 잘라 내고 살펴보니 두 쌍둥이는 경질막이 아주 복잡한 형태로 서로 연결되어 있었다. 그것을 조심스럽게 잘라 내어 제거했다.

그러자 이번에는 '정맥 호수'라고 부르는, 피가 많이 고인 부분이 여기저기에서 나타났으며, 두 쌍둥이는 엄청나게 많은 혈관으로 서로 이어져 있었다. 두 시간 이상 수술이 계속되자 벤은 두 쌍둥이에게 심폐 우회 기계를 연결하여 피를 천천히 빼내면서 냉각시켜야 한다고 판단을 내렸다. 이렇게 하자 아기들의 몸 기능은 거의 멈추게 되었다. 심장은 더 이상 뛰지 않고, 피도 돌지 않게 되었다. 이제 심장이 멈춘 뒤 뇌가 손상을 입지 않게 하기 위해서는 한 시간밖에 여유가 없었다.

그 시간 안에 두 쌍둥이에게 이어진 혈관을 모두 분리해야 했다. 의사들은 간신히 제 시간에 맞춰 모든 혈관을 찾아 내어 조심스럽게 잘라 냈다. 그런 다음 두 아기에게 피를 다시 흘려 넣었다. 그러나 얼마 안 있어 좀 작은 아이가 죽고 말았다. 아기의 심장이 너무 약했던 것이다. 그때가 수술을 시작한 지 15시간이 지났을 때였다.

이제 모든 의료진은 살아 있는 한 아이에게 집중했다. 두세 시간이 흐른 뒤 수술이 완전히 끝났을 때 아기의 상태는 아주 좋아 보였다. 회복실로 들어가서도 괜찮았다. 한 아기가 죽어서 슬프기는 했지만, 다른 아기가 살아남은 것에 모두들 다행이라 생각했다.

하지만 수술이 끝난 지 몇 시간 뒤에 아기가 갑자기 발작을 일으키고 상태가 아주 나빠졌다. 그리고 이틀 뒤에 그 아기도 죽고 말았다.

의사들은 아기의 몸을 살펴보고 나서 콩팥의 기능이 멈춰져 있었다는 것을 알아 냈다. 두 쌍둥이는 서로 공생하고 있었던 것이다. 몸은 둘이지만 서로에게 의존하며 살아가고 있었다. 먼저 죽은 작은 아기는 큰 아기의 심장에 의존했고, 큰 아기는 작은 아기의 콩팥에 의존하며 산 것이다. 하지만 두 아기가 계속해서 붙어 있었다 해도 심장과 콩팥은 곧 멈추게 되어 있었다. 수술을 하지 않았다고 해도 얼마 안 있어 죽을 수밖에 없는 상황이었다. 그러나 이러한 사실이 가족과 의사들에게 위로가 되지는 않았다.

미국으로 돌아가기 전 어느 날 아침, 벤은 '굿모닝, 남아프리카'라는 아침 프로에 나가게 되었다. 거기에서 벤은 어떤 일이 있었는지 설명하고, 전 세계 어느 병원에서도 그 여자 쌍둥이 아기를 살릴 수 없었을 거라고 말했다. 하지만 우울했다. 벤은 희망을 가지고 아기들을 위해 기도했었다. 하느님이 기적을 베푸실 거라 믿었다. 그런데도 아기들은 죽고 말았다.

비행기가 남아프리카 땅을 떠나 미국으로 출발할 때 벤은 기도했다.

"하느님, 어떠한 경우에도 성공할 수 없는 이런 상황에 왜 저를 보내셨나요? 전혀 불가능한 일에 왜 그 아까운 시간과 노력을 쏟게 하셨나요? 실패할 수밖에 없는 일을 왜 하게 하셨습니까? 왜요?"

아무리 생각하고 또 생각해도 벤은 이해할 수 없었다.

14. 처음 시도한 수술

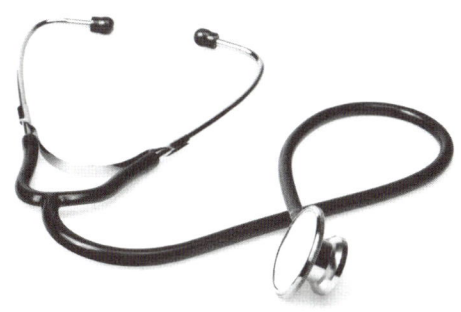

그 뒤 2년 반이 흘렀지만 벤은 여전히 그 이유가 무엇이지 생각하고 있었다.

1996년 초 겨울에 모코옹 의사가 벤에게 다시 연락을 했다. 메둔사에 있는 남아프리카 의과 대학에서 벤에게 명예박사 학위를 주기로 했다는 전화였다. 벤과 캔디 부부는 다가오는 6월에 남아프리카로 가기로 했다.

남아프리카로 가기 전 그 해 봄, 모코옹 의사에게 다시 전화가 걸려왔다. 잠비아에서 최근에 또 다른 샴 쌍둥이가 태어났다는 소식이었다. 그 곳의 의사들이 조셉과 루카 밴다라는 그 쌍둥이 남자 아기를 분리할 수 있는지 모코콩 의사에게 문의해 왔다는 것이다. 모코콩 의사는 비행기를 타고 잠비아로 가서 그 아기들을 진찰했는데 분리가 가능할 것 같았다. 그래서 벤에게 도움을 청하기로 한 것이었다.

모코콩 의사가 벤에게 말했다.

"잠비아 정부에서 당신 부부를 초청하고 싶어합니다. 당신이 아프리카에 와서 그 아기들을 직접 진찰해 보고 수술할 수 있는지 확인해 달랍니다."

벤과 캔디는 남아프리카에 갔다가 그 곳에서 잠비아로 가기로 일정을 잡았다. 남아프리카로 가면서 벤은 생각했다.

'이거 정말로 놀라운 일인걸. 빈더 쌍둥이를 본 지 10년도 안 지났는데 또 다시 샴 쌍둥이가 태어나다니……'

모코콩 의사는 벤과 캔디에게 병원 구경을 시켜 주면서 지난번에도 있었던 의료진과 함께 새로운 의료진도 소개해 주었다. 지난번에 왔을 때보다 병원은 많이 달라져 있었다. 모코콩 의사는 그때 실패한 쌍둥이 수술 이후 새로운 의료기기들을 들여와 많은 환자들을 살렸다고 자랑스레 말했다. 벤은 하느님이 슬픈 경험을 통해 더 좋은 일을 할 수 있게 해 주신다는 것을 다시 한 번 깨달았다.

벤은 이미 여러 다른 대학에서 18번이나 명예박사 학위를 받았다. 하지만 이번에 남아프리카 의과 대학에서 받는 학위는 남다르게 자랑스럽고 영광스럽게 생각되었다.

벤과 캔디 부부는 남아프리카에 가기로 했을 때부터 또 다른 계획을 세워 두었다. 메둔사 북쪽으로 하룻길 되는 크루거 국립공원으로 사파리 여행을 가기로 한 것이다. 벤은 그 곳에 가서 짧은 시간이지만 많은 야생동물을 볼 수 있게 되기를 기도했다.

이 기도 덕분이었는지 벤 일행은 보고 싶어했던 모든 동물을 볼 수 있었다. 사자, 코끼리, 기린, 얼룩말, 그리고 그 밖에 다른 많은 동물들. 게다가 희귀한 종류의 뱀들을 비롯해서 초록 맘바*와 검은 맘바도 보았다. 관광 안내원은 이번처럼 많은 동물을 한꺼번에 본 적은 드물다며, 자신이 그 공원에서 몇 년간 일하는 동안에 겨우 몇 번밖에 없었다고 말했다.

하지만 위험한 일도 있었다. 한 번은 그 관광 안내원이 떼를 지어

---

* **맘바**: 남아프리카산 코브라과의 큰 독사.

돌아다니는 비비 무리 한가운데로 들어가서 랜드로버를 멈춰 세웠다. 그러자 비비 무리가 차 주변을 에워싸고 소리를 질러댔다. 벤은 그 엄청난 광경을 보면서, 텔레비전 특별 프로에서 비비를 본 장면이 떠올랐다. 그리고 다 자란 비비의 이빨은 사람의 머리뼈도 뚫을 수 있다고 한 것이 기억났다. 벤은 사람의 머리뼈가 얼마나 단단한지 잘 알고 있었다!

벤은 운전하는 관광 안내원에게 나직하게 그 곳에 차를 세워도 정말 안전하냐고 물었다. 그러자 관광 안내원은 미소를 지으며 자신 있게 그 동물은 절대 사람을 해치지 않는다고 대답했다.

하지만 아무도 비비한테는 그 말을 해 주지 않은 모양이었다. 갑자기 비비들이 몰려와 랜드로버에 기어오르기 시작했다. 그중에서 용감한 두 마리가 지붕까지 올라와 지붕창을 통해 랜드로버 한가운데로 떨어졌다.

그때 머리 회전이 빠른 모코콩 의사가 마침 가지고 온 샌드위치 몇 조각을 재빨리 차 밖으로 던졌다. 그것을 집으려고 비비들이 차 밖으로 뛰쳐나가는 덕분에 운전사는 무사히 그 곳을 빠져나갈 수 있었다.

***

벤과 캔디 부부가 남아프리카를 떠나 잠비아에 도착하니 잠비아에 한 사람밖에 없는 신경외과 의사인 램버트가 공항으로 마중 나와 있었다. 램버트 의사는 반갑게 두 사람을 맞은 뒤, 밴다 쌍둥이가 있는 어린이 병원으로 데려다 주었다.

빈더 쌍둥이처럼 밴다 쌍둥이도 건강해 보였다. 좋은 징조였다. 의사들은 쌍둥이 남자 아기의 심장, 폐, 위, 간, 신장의 기능을 검사했다. 지난번 남아프리카 쌍둥이 여자 아기와는 다르게 두 아기 모두 모든 장기가 정상이고 독립적이었다.

조셉과 루카는 잘 먹고 잘 자라고 있었다. 둘 다 울고, 웃고, 가까이 있는 물건들을 잡으려고 손을 내밀고 있었다. 또한 힘차게 발길질도 했다. 게다가 동시에 같은 방향으로 함께 몸을 돌려서 뒤집기도 했다.

이 두 아기의 문제는 머리가 서로 붙어 있다는 한 가지밖에는 없었다. 그것도 머리 정수리 부분이 말이다.

벤은 머리가 붙은 부분을 살펴보며 생각했다.

'두 아기의 뇌가 얼마나 서로에게 영향을 줄까? 머릿속이 얼마나

많이 붙어 있을까?'

벤은 머리뼈가 붙은 부분을 따라 주욱 살피며 쌍둥이의 머리를 세밀하게 검사했다. 자신뿐만 아니라 다른 외과 의사들이 머리를 잘랐을 때 그 안쪽에서 어떤 장면을 보게 될지 상상해 보았다. 그리고 두 아기를 천천히 앞뒤로 돌리며 진찰하는 동안 벤은 수술에 들어가기 전에 몇 가지 궁금한 것에 대해서 알아 낼 수 있는 좋은 방법이 떠올랐다.

몇 달 전 존스 홉킨스 병원의 방사선과 연구원들이 벤을 자신들의 연구실에 불러서 흥미진진한 사실을 보여 주었었다. 그 연구원들은 최근에 싱가포르 국립대학에서 온 연구원들과 함께 삼차원 시각 영상 시스템을 개발했다고 알려 주었다. 그리고 외과 의사들이 이 프로그램을 이용해서 컴퓨터로 가상현실 수술을 연습할 수 있기를 바란다고 했다. 연구원들은 그 시스템을 선보인 뒤 벤에게 의견이 어떤지 물어 보았다. 벤은 잘 생각해 보겠다고 대답해 주었었다.

몇 달이 지난 지금 다른 대륙에 있는 병원에서 큰 수술을 앞두고 벤은 그 기술을 사용한다면 이번 쌍둥이 분리 수술에 큰 효과가 있을 것이라는 생각을 하게 되었다.

그 뒤 몇 달 동안, 램버트 의사와 모코콩 의사는 모든 필요한 자료를 모았다. CAT 스캔*, 혈관 조영상*, MRI* 자료 등등. 연구원들은 그 정보들을 컴퓨터에 입력했다. 그리고 볼티모어에 있는 존스 홉킨스 병원에서 벤은 삼차원 안경을 끼고 잠비아의 쌍둥이 수술을 연습했다. 이 새로운 기술은 벤에게 실제로는 다른 대륙의 병원에 누워 있는 샴 쌍둥이의 머릿속을 들여다볼 수 있게 해 주었다.

벤은 수술실에 들어가 실제로 머리뼈를 자르기 전에 쌍둥이의 머릿속을 미리 보고 연구할 수 있었다. 게다가 어느 부분이 위험한지도 미리 검사할 수 있었다.

빈더 쌍둥이와 마쾌바 쌍둥이 수술에서 제일 어려웠던 부분은 양쪽 아기에게 연결되어 있는, 빽빽하게 엉킨 혈관들을 하나하나 찾아 내는 일이었다. 벤은 아주 천천히 조심스럽게 작은 혈관들을 일일이 찾아서 자른 뒤 묶어야 했다. 아주 집중력을 필요로 하는 어려운 일이었지만, 그 혈관들을 미리 보고 연구한 덕분에 벤은 큰 도움

---

*CAT 스캔: 컴퓨터 단층 촬영.
*혈관 조영상: 혈관에 방사성 물질을 주사해서 넣은 뒤 촬영한 자료.
*MRI: 자기 공명 영상법. 자력에 의해 발생하는 자기장을 이용해 생체의 단층상을 얻는 방법.

을 얻을 수 있었다.

　1997년 12월, 벤은 자신감을 가지고 남아프리카행 비행기를 탔다. 벤은 그 수술을 여섯 달 동안 준비했다. 밴다 쌍둥이는 그 동안 잘 자랐고, 이미 메둔사에 있는 병원에 도착해 수술 준비를 모두 마치고 있었다.

　비행기 안에서 벤은 자신의 수술 준비 노트를 다시 한 번 검토했다. 그러고 나서 머리를 뒤로 기댄 채 기도했다. 최선을 다할 수 있게 해 달라고.

　벤은 일요일 오후 늦게 남아프리카에 도착했다. 모코콩 의사는 공항으로 마중 나와 있었다. 곧바로 벤은 병원으로 가서 두 아기를 진찰하고 아기 어머니를 만났다.

　그 다음 날 12월 29일, 벤은 하루 종일 수술 팀을 만나 의견을 나누기에 바빴다. 1994년에 실패했었던 마쾌바 쌍둥이 수술에 함께 참여한 의사들도 몇 명 있었다. 모든 의사와 간호사들이 모여 밴다 쌍둥이의 수술을 함께 검토했다.

　벤은 조셉과 루카의 어머니에게 이렇게 말했다.

　"오늘 밤 기도하시면서 부인의 가족이나 주변에 알고 있는 모든 분들에게 함께 기도해 달라고 부탁하십시오. 저 역시 기도

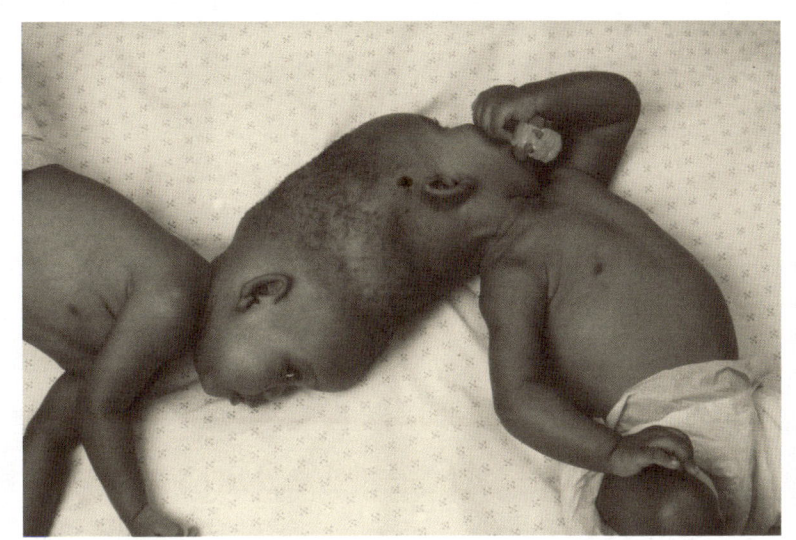
▲ 머리가 붙은 조셉과 루카 밴다.

하겠습니다. 그러면 아무도 내일 일을 걱정하지 않아도 될 겁니다."

그날 밤 벤은 몇 시간 동안 어떤 일이든 극복해 낼 수 있는 힘과 지혜를 달라고 기도했다. 그러고 나서 마지막으로 한 번 더 혈관 조영상을 검토했다. 밴다 쌍둥이는 넓고 비정상적으로 발달한 정맥동이 서로 연결되어 있었다. 그래서 수술 팀은 그 정맥동 전체를 한 아기에게만 주기로 계획을 세웠다. 하지만 벤은 기도를 마친 뒤, 뇌가 크게 부어오르고 출혈이 심해서 잘못하면 죽게 된다 하더라도 그 정맥동의 한가운데를 잘라 두 쌍둥이에게 반반씩 나누어 주기로 마음을 바꾸었다.

빈더 쌍둥이의 수술에서도 많은 양의 피가 필요했고, 마쾌바 쌍둥이 때는 더 많은 피가 필요했다. 이번에 정맥동을 자르게 된다면 엄청난 출혈이 일어날 것이고, 그러면 더더욱 많은 피가 필요하게 될 것이다. 그럼에도 불구하고 벤은 정맥동의 한가운데를 잘라 두 아이 모두 살려야겠다는 생각에는 변함이 없었다. 하지만 사실 걱정스러운 것은 있었다.

'처음 시도해 보는 수술이니 어떤 일이 일어날지 아무도 알 수 없지 않은가?'

15. 불가능한 수술을 해 내다

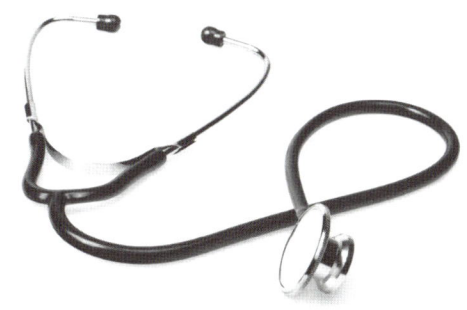

다음 날 벤과 모코콩 의사는 해가 뜨기 전에 수술실에 도착했다. 나머지 다른 의료진도 벌써 와 있었다. 모두들 함께 모여 수술 전 기도회를 가졌다. 그리고 찬송가를 불렀다.

기도회가 끝나자마자 모두들 바삐 움직였다. 쌍둥이 아기도 준비시켜서 수술대에 올려서 마취를 시켰다. 그런 다음 성형외과 의사들이 한동안 쌍둥이를 이쪽저쪽으로 돌려 눕히는 연습을 했다.

수술은 아침 6시 30분에 시작되었다. 누군가가 벤이 요청한 대로 클래식 음악을 틀었다. 소란했던 움직임이 잦아들었다.

성형외과 의사들이 머리 피부 확장기를 제거하고 늘어난 피부를 뒤로 당겼다. 네 명의 신경외과 의사가 수술대를 둘러쌌다. 벤은 잠비아의 신경외과 의사인 램버트 의사와 쌍둥이의 주치의들에게 이제 첫 번째 구멍을 뚫겠다고 말했다.

그런 다음 벤은 가위와 비슷한 뼈집게를 사용하여 뼈를 잘라 나갔다. 벤은 아주 천천히 진행했다. 다른 의사들은 뼈 가장자리를 밀랍으로 덮어 출혈을 막았다.

벤은 가상현실 수술로 연습을 했기 때문에 두 아기의 뇌가 어떻게 붙어 있는지 알고 있었다. 벤은 뇌를 둘러싸고 있는 얇은 경질막을 잘라 냈다. 이것만도 몇 시간이 걸렸다. 조심스럽게 혈관을 잘라 나가며, 피가 흘러나오면 정해진 순서에 따라 잠시 쉬고 출혈부터 막았다.

혈관을 하나하나 자르고 막으면서 의사들은 뇌가 부어오르는지 조심스레 살펴 나갔다. 그러던 중 수많은 혈관이 마치 스파게티처럼 얼키설키 뭉쳐 있는 곳이 나타났다. 의사들은 이 부분은 나중에 다루기로 했다.

신경외과 의사들은 그 부분을 피부로 덮고 꿰매 놓았다. 그런 다음 성형외과 의사들이 아기들을 뒤집었다. 그리고 또다시 피부를 준비했다. 그래야만 반대편을 똑같이 수술할 수 있기 때문이었다.

그 일이 진행되는 동안에도 신경외과 의사들은 수술실과 가까운 회의실에 모여 CCTV(폐쇄 회로 텔레비전)를 통해 수술실 상황을 지켜보고 있었다. 그리고 지금까지의 일을 검토하고 앞으로 할 일도 의논했다. 모코콩 의사가 벤에게 물었다.

"저렇게 얼키설키 얽힌 혈관 하나하나를 모두 잘 연결할 수 있을까요?"

벤은 그 일이 이 수술에서 가장 중요하다는 것을 잘 알고 있었다. 다행히도 아직까지는 출혈이 거의 없었다.

수술실의 의사들은 오후 내내, 그리고 저녁이 되어서도 쌍둥이의 뇌 반대편에서 한 것과 똑같은 일을 되풀이하고 있었다. 이쪽 편에는 벤이 전날 밤 기도했던 비정상적인 정맥동이 있었다. 벤은 이미 마음 속으로 그 정맥동을 해결하기 위해 특별한 방법을 사용하기로 마음먹고 있었다. 먼저 클립을 사용해서 정맥동을 막았다. 이것은 출혈을 막는 데 도움이 되었다. 그런 뒤 정맥동 한가운데를 잘랐다.

몇 시간이 흐르는 동안 그 클립은 출혈을 최소한으로 막아 주었

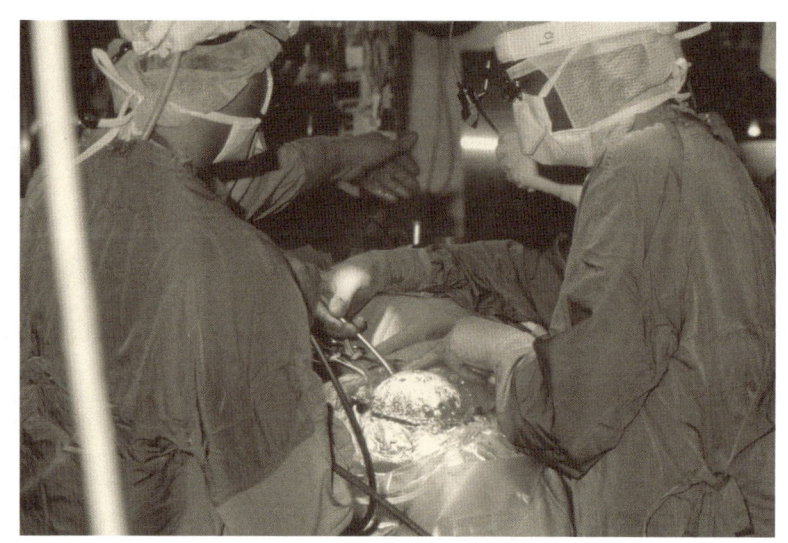
▲ 벤 카슨이 수술하고 있는 모습.

다. 이 부분의 수술 결과가 생각했던 것보다 훨씬 좋았다.

이제 이쪽 면에서도 스파게티처럼 작게 엉켜 있는 혈관이 나왔다. 모든 혈관을 다 푸는 데 몇 시간이 걸렸다. 이 부분이 끝나면 이쪽 면은 모두 해결되는 것이다.

드디어 아까 미뤄 두었던 저쪽 면의 큰 스파게티 모양의 혈관 쪽으로 갈 차례가 되었다. 하지만 문제가 생겼다. 의사들이 많이 지쳐 있었던 것이다.

벤도 지치고 갑자기 자신이 없어졌다. 벌써 19시간을 수술한 것이다. 존스 홉킨스 병원에서는 35만 달러(약 4억 원)나 하는 아주 고급 수술용 현미경으로 미세한 혈관 하나하나를 다 들여다볼 수 있었다. 그러나 이 곳 메둔사의 병원에서는 수술용 돋보기 안경과 헤드라이트가 전부였다.

벤은 쉬고 싶었다. 성형외과 의사들이 벤이 반대편을 수술할 수 있도록 쌍둥이를 다시 돌려 눕히는 동안 벤은 회의실 의자에 무너지듯이 앉았다. 벤은 지금 당장 수술실에 남아 있을 필요가 없는 의료진을 불러들였다. 모두 모여서 수술에 대해 논의하고 생각들을 모으기로 했다. 모두 지쳐 보였다. 벤은 수술한 자리를 덮고 쌍둥이 아기와 의료진 모두 잠시 쉬도록 하는 게 어떨까 생각해 보았다. 그러면 힘이 좀 생기지 않을까?

"아무래도 여기에서 수술을 잠시 멈춰야 할 것 같습니다. 어떻게 생각하십니까?"

벤이 말을 꺼냈다.

하지만 모두들 수술을 중단하지 않고 계속 하자는 쪽으로 생각이 모아졌다. 의료진은 아기를 완벽하게 분리하지 않으면 살릴 수 없을 것 같다고 말했다. 수술을 계속하거나 아기가 죽거나 둘 중 하나라고.

다시 수술실로 향해 복도를 내려갈 때 벤은 간절히 기도했다.

'하느님, 제발 저에게 힘을 주셔서 이 수술을 잘 마무리할 수 있게 해 주십시오.'

벤은 전날 밤 읽었던 성경 구절이 생각났다.

'내가 진실로 진실로 너희에게 이르노니 나를 믿는 자는 내가 하는 일을 그도 할 것이요, 또한 그보다 큰 일도 하리니 이는 내가 아버지께로 감이라. 너희가 내 이름으로 무엇을 구하든지 내가 행하리니 이는 아버지로 하여금 아들로 말미암아 영광을 받게 하려 함이라.'

벤은 아기들이 누워 있는 수술대 앞에 가서도 기도했다. 하느님께서 이 수술을 이끌어 달라고. 벤은 스파게티처럼 큰 덩어리로 뭉쳐 있는 혈관들을 자르기 시작할 때까지도 기도를 계속했다.

이제 벤의 손은 떨리지 않았다. 마음도 가라앉았다. 마치 자기 손이 움직이는 것을 그냥 지켜보듯이, 다른 누군가가 대신 수술하는 것을 보는 것만 같았다.

하나씩 하나씩 백 개도 넘게 마구 엉켜 있는 혈관들을 나누고 자르고 클립으로 죄고, 다시 이었다. 벤이 두 아기를 연결하고 있는

마지막 혈관을 잘랐을 때 스테레오 시스템에서는 헨델의 메시아*
중 할렐루야 합창곡이 나오고 있었다. 그 순간 수술실에 있는 모든
의료진은 놀라운 일이 일어날 것 같은 기대감에 휩싸였다.

  수술이 시작된 지 25시간 만에 두 아기는 분리되었다. 하지만
아직 안심하기에는 일렀다. 이제 수술대는 재빨리 둘로 분리되
어 두 팀으로 나누어진 수술 팀이 한 아기씩 맡아 마무리를 해야
했다.

  아직도 할 일이 많이 남아 있었다. 모든 신경외과 의사들은 피
곤하긴 했지만 기쁨에 차 있었다. 뇌도 심각하게 부어오르지 않
았고 출혈도 거의 없었다. 수술하는 동안 겨우 네 봉지만 수혈했
을 뿐이다.

  더욱 기분 좋은 소식은 어떤 혈관도 부어오르지 않았다는 것이
다. 그것은 두 아기의 뇌에서 혈액이 제대로 순환되기 시작했고, 모
든 것이 잘 되어 가고 있다는 신호였다. 또 그것은 두 아기가 수술
에서도 살아날 수 있을 뿐 아니라 이제 마취에서 깨어나면 정상적
으로 살아갈 수 있다는 것을 보여 주는 징조이기도 했다.

---

*메시아: 헨델이 1741년에 작곡한 오라토리오. 예수의 탄생, 수난, 부활의 생애를 3부 53장으로 구성하였다.

수술이 순조롭게 끝나게 되자 모든 의료진은 흥분으로 가득 차 있었다. 두 아기가 완벽하게 분리되자 신경외과 의사들은 회의실로 물러갔다. 그런 뒤 성형외과 의사들이 수술을 마쳤고, 그제서야 벤이 수술실로 들어갔다.

벤은 담담하게 쌍둥이를 내려다보았다. 그리고 기쁨의 탄성을 질렀다. 쌍둥이 중 한 아기가 눈을 뜨고 입 안에 끼워져 있는 기관지 튜브를 붙잡은 채 빼내려 하며 놀고 있었다. 벤의 소리를 듣고 주변에 있던 의료진이 모두 들어왔다. 그들은 서로 얼싸안으며 기쁨을 나눴다.

두 아기를 중환자실로 옮겨다 놓을 즈음에는 또 다른 아기도 같은 행동을 하고 있었다. 28시간의 수술 결과 이룬 기적으로, 이것은 놀라운 일이었다!

곧 전국 각지에서 축하 전화가 걸려 와 병원 전화 교환대가 마비될 정도가 되었다. 모든 의료진은 임시 기자회견장이 마련되어 있는 건너편 캠퍼스로 경호를 받으며 걸어갔다. 건물 밖에서는 병원 직원과 학생들이 모여서 노래하고 춤추면서 축하를 해 주고 있었다. 모든 사람들은 의료진과 악수하거나 등이라도 두드려 주고 싶어했다.

기자회견장에는 이미 텔레비전 방송국 직원과 라디오 방송국 리포터들로 가득했다. 이들은 수술이 시작되기 전날 아침부터 병원의 한 층을 점령하고 있었다. 이들은 시간시간마다 수술 소식을 방송국에 보내어 전국에 퍼져 나가게 했다. 밴다 쌍둥이의 분리 수술 소식은 남아프리카 국민들을 사로잡았다. 마치 나라 전체가 성공적인 수술을 축하하는 것 같았다.

기자회견장에 도착한 벤은 몇 분간 기자들의 질문에 대답을 했다. 다음엔 다른 의사들에게도 질문이 이어졌다. 병원 직원들은 공식적으로 수술에 대해 발표했다. 쌍둥이 아기가 태어난 뒤 마음 졸이며 지냈던 쌍둥이의 어머니도 이제는 아주 행복한 여인이 되어 그 자리에 왔다.

잠비아의 대사는 온 국민과 대통령, 그리고 영부인이 함께 기도했다고 말하며, 그 나라를 대신해서 공식적으로 이 수술에 참여한 모든 사람들에게 감사의 말을 전했다. 그리고 다음 날 대사관에서 축하 파티를 열겠다며 벤과 모든 의료진을 초대했다.

하지만 불행히도 벤은 그날 밤 비행기를 타고 미국으로 돌아가야 했다. 잠비아 대사관에서 파티가 성대하게 열릴 즈음 벤은 집에 가 있을 것이다. 파티에 못 가는 것이 아쉽긴 했지만, 그보다는 침대

속에 들어가 곯아떨어지고 싶은 마음이 더 간절했다.

　모코콩 의사가 짐을 꾸려 공항으로 갈 수 있도록 벤을 호텔에 내려 주었다. 그런데 이상하게도 호텔의 불은 모두 꺼져 있고 안에는 아무도 없는 것 같았다. 벤은 프런트 데스크에서 벨을 누르고 기다렸지만 아무도 오지 않았다.

　갑자기 여자 경찰 한 명이 현관 밖에 나타나서 벤이 안에 있는 것을 보고는 깜짝 놀라며 물었다.

"거기 어떻게 들어갔습니까?"

"현관으로 들어왔는데요. 저는 여기 손님이거든요."

벤이 대답했다.

"참 이상하군요. 이 호텔은 휴일에는 문을 열지 않습니다."

경찰이 벤을 수상하게 여기며 말했다.

"문을 열지 않는다고요? 저는 몰랐습니다. 어제 새벽 일찍 나가서 어젯밤에는 들어오지 못했습니다. 스물여덟 시간 동안 수술을 했기 때문에 지금 잠을 좀 자야 하거든요. 아니면 짐이라도 챙기고 싶습니다. 오늘 밤에 비행기를 타고 돌아가야 해서요."

그제서야 경찰은 환한 미소를 지으며 말했다.

"당신이 샴 쌍둥이를 수술하러 미국에서 온 바로 그 의사로

군요!"

경찰은 얼른 호텔 주인에게 전화를 걸었다. 호텔 주인은 곧바로 달려와서 벤에게 호텔 방 열쇠를 주고, 공항으로 떠날 때까지 아무도 방해하지 못하도록 하겠다고 약속했다.

집에 돌아오고 나서 두 주 뒤 벤은 남아프리카 의사들에게서 밴다 쌍둥이의 놀라운 소식을 받았다. 아기들은 벌써 기어다니기 시작했고, 수술 전에는 상상도 할 수 없었을 정도로 몸도 잘 크고 있다는 것이었다. 그때서야 비로소 벤은 밴다 쌍둥이 아기들이 다른 아기들처럼 정상적으로 살아갈 수 있으리라는 것을 알고 안심했다.

일곱 번째 이야기,
내 시간과 지식을 다른 이들을 돕는 데 쓰고 싶어요

"내가 감사하게 생각하는 것은 단지 자연만이 아닙니다. 암에 걸린 경험을 통해서 환자들을 더 많이 이해할 수 있게 되었고, 그 가족들의 안타까운 마음도 더 잘 알 수 있게 되었습니다. 그리고 내 주위에 있는 모든 사람들에게 더 감사할 수 있게 되었지요. 앞으로는 어떤 일이 생기더라도 하느님을 더 깊이 믿고 또 의지할 겁니다. 이번 일을 통해 그 전보다도 더 내 시간과 지식을 다른 이들을 돕는 데 사용해야겠다는 생각이 확고하게 들었습니다."

16. 암에 걸리다

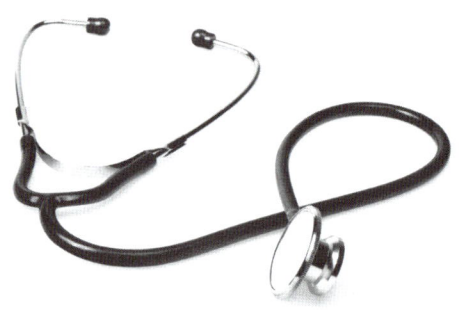

점심시간. 벤은 도시락 가방에서 사과를 꺼내어 먹고 있었다. 이 도시락은 아내 캔디가 새벽 6시도 되기 전에 출근하는 벤을 위해 현관에서 건네 준 것이었다. 벤은 비서가 책상에 높다랗게 쌓아 놓은 의료 서류 더미를 뒤적이고 있었다. 15분 동안에 전화가 세 번이나 걸려 왔다. 첫 두 전화는 벤의 점심시간 20분을 절반이나 빼앗아갔다. 그리고 세 번째 전화를 끊고 나자 5분이 남았지만, 바로 수술실로 달려가야 했다. 전화기에 음성 메시지를 남겨 놔야겠다고 마음먹고 있을 때, 벤의 비서가 문을 열고 들어섰다.

"이 전화는 받으셔야 할 것 같아요. 오늘 약속해 두었던 방송국 기자입니다. 지난달에 싱가포르에서 수술한 네팔 쌍둥이에 대해 이야기하고 싶어해요."

벤은 전화를 받았다. 잠시 상대방 말을 듣던 벤은 잠깐 기다려 달라고 하고는 컴퓨터로 자신의 일정표를 확인했다.

"제 생각엔……, 오늘 오후 일정은 그 동안 밀려 있었던 일이 두세 가지 있어서 그것부터 끝내야 해요. 세 시 삼십 분경에는 잠시 틈을 낼 수 있을 것 같습니다. 그 다음에는 저녁 일고여덟 시까지 갈 것 같은 수술이 있고요. 세 시 십오 분까지 제 사무실에 오시면 최대한 시간을 내 보겠습니다. 십 분에서 십이 분 정도는 가능할 것 같습니다. 이것이 오늘 제가 내어 드릴 수 있는 최선의 시간입니다. 괜찮으시겠습니까?"

이렇게 말하고 벤은 전화를 끊었다. 그리고 사무실을 둘러보았다. 산더미처럼 쌓여 있는 의료 서류와 엑스레이, MRI, CAT 스캔 필름이 들어 있는 커다란 봉투가 작은 책상과 천 의자, 그리고 소파 위에 가득 놓여 있었다. 벤은 머리를 흔들고 일어나서, 먹다 남은 사과를 주워 들고 방을 나서서 수술실로 이어지는 계단으로 향했다.

첫 번째 샴 쌍둥이인 빈더 형제의 수술로 인해 언론에 시달렸을 때 벤은 아내에게 곧 예전처럼 생활이 다시 평온해질 것이라고 말해 주었다. 하지만 그렇게 되지는 않았다. 인생에서 단 한 번 주어지는 기회라고 여겼던 일이 결국 계속 이어지게 되었고, 한 번 성공할 때마다 벤은 점점 더 유명한 인물이 되고 세계적으로 명성을 얻어 나가게 되었다. 밴다 쌍둥이 수술 이후에는 국제적으로 관심을 받게 되면서 벤은 더 많은 사람들의 주목을 받게 되었다.

신문과 잡지에는 벤에 관한 기사가 셀 수도 없이 많이 실렸다. 라디오와 텔레비전 방송국에서도 인터뷰 요청 전화를 해 댔다. 벤은 한평생 살면서 이 정도 언론에 보도되었으면 충분하다고 생각했으나, 한편으로는 그것이 병원에게는 큰 도움이 되는 일이었다. 존스 홉킨스 병원의 소아 신경외과는 점점 더 유명해져서 희귀하고 위험한 수술이 계속 밀려들고 있었다.

* * *

예상치 못한 이런 유명세 덕분에 벤은 또 다른 꿈을 이룰 수 있었다. 그것은 미국 전체를 돌아다니며 학생들에게 강연하고 싶었던 꿈이었다. 벤은 여러 학교를 돌아다니며 강연을 했다. 그런데 벤이 가는 학교마다 복도에는 각종 운동 경기에 대한 크고 작은, 수많은 트로피가 전시되어 있었다. 벤은 미국 문화가 운동 선수나 연예인들을 영웅으로 만들고 있다고 생각했다.

벤은 이런 생각을 해 보았다.

'만일 미국에 있는 모든 초등학교와 중학교, 고등학교에서 운동 경기만큼 공부에 대해 관심을 가진다면 어떻게 될까? 그렇게만 된다면 학자들도 영웅으로 생각하게 되지 않을까?'

이렇게 생각한 벤과 캔디 부부는 카슨 장학 재단을 만들어 성적도 우수하고 지역 사회에 봉사도 잘 하는 어린 학생들을 찾아 내어 지원해 주기로 했다. 카슨 장학 재단에서는 매년 시상식을 열어 학생들에게 멋진 상을 주었다. 바로 이름이 새겨진 트로피를 주어 학교에 전시해 놓게 했다. 게다가 각 학생들에게 1천 달러씩 장학금을 주어 대학 갈 때 사용할 수 있게 했다.

이렇게 해서 2010년 5월까지 카슨 장학 재단은 27개 주와 자치 지구의 어린 학생들에게 거의 450만 달러(약 55억 원)에 달하는 장학금을 지급했다. 지금까지 장학금을 받은 학생들은 전체 합해서 4천3백 명이 넘었다. 벤과 캔디는 언젠가는 미국에 있는 모든 학교에서 매년 카슨 장학금*을 줄 수 있기를 꿈꾸고 있다.

밴다 쌍둥이 수술을 성공적으로 마치고 나서 2년 뒤, 싱가포르의 한 외과 의사가 벤에게 연락을 해 왔다. 네팔에서 온 11개월 된, 머리가 붙은 쌍둥이의 수술을 도와 달라는 것이었다. 벤은 컴퓨터 영상 작업 센터를 통해서 90시간 이상 원격 회의를 하며 수술을 해서 그 아기들을 성공적으로 분리하는 데 큰 도움을 주었다. 이 소문은 벤과 병원에 큰 영향을 끼쳤다.

벤이 가장 유명한 신경외과 의사로 점점 더 이름이 나는 바람에, 존스 홉킨스 병원에는 이제는 아주 드물게 나타나는 샴 쌍둥이들 외에도 희귀병을 앓거나 긴급한 신경질환을 가진 환자들이 더욱 많이 몰려들게 되었다.

또, 미국의 신경외과 의사들이 1년에 평균 150건의 수술을 하는 데 비해, 벤은 450건의 수술을 했다. 벤의 사무실에 쌓여 있는 서류 더미를 보고도 알 수 있듯이, 너무 많은 환자들이 밀려들어서 벤은 과로가 겹쳐 건강이 위험한 상태까지 되었다. 게다가 수술도 워낙 힘든 것이어서 보통 아침 7시에 시작하면 밤늦게까지도 끝나

---

*카슨 장학금: 더 자세한 내용을 알고 싶으면 www.carsonscholars.org 웹사이트를 참고하세요.

지 못했다. 며칠씩 길고 긴 수술에 지쳐서 벤은 두 번씩이나 집에 돌아가는 차 안에서 그대로 잠에 곯아떨어진 일도 있었다. 그제야 벤은 의사들을 더 채용하게 해서 자신의 일을 줄여야겠다는 생각을 했다.

하지만 2002년, 벤은 자기 자신과 의사의 일 중 어느 것이 더 중요한지 선택해야 하는 상황에 놓이게 되었다. 벤은 몸에 나타나는 여러 가지 불편한 증상 때문에 혈액 검사를 받았다. 그 결과 혈액에서 어떤 특별한 항원의 수치가 약간 높게 나타났다. 그러자 담당 의사는 전립선 조직을 현미경으로 검사해 보자고 했다. 암일 가능성이 있었기 때문이다.

벤은 조직 샘플을 검사하는 동료 의사에게 결과가 나오는 대로 바로 알려 달라고 부탁해 두었다. 그 다음 날 벤이 수술실에 있을 때 전화가 왔고, 간호사가 곧바로 벤의 귀에 수화기를 갖다 대 주었다.

그것은 매우 안 좋은 소식이었다. 벤이 전립선암에 걸렸을 뿐만 아니라 아주 심각한 상태라는 것이었다. 그 암에서 살아남으려면 힘겹게 싸워야 했다. 벤은 큰 충격을 받았으나, 그런 상태에서도 남은 수술을 잘 마치고 집에 돌아왔다.

벤은 암에 걸렸다는 사실을 알았지만, 마음이 그렇게 힘들지는 않았다. 그저 이런 생각이 들었다.

'음! 생각한 것만큼 난 오래 살지는 못하겠구나.'

벤은 자신이 죽은 뒤 남을 사람들을 생각하기 시작했다. 아내 캔디, 세 아들, 어머니, 동료들, 그리고 자신의 환자들. 하지만 자신이 계획 세웠던 일들을 생각하니 조금 슬픈 마음이 들었다. 자신이 시작하고 아직 끝내지 못한 그 모든 일들.

벤은 MRI를 찍기로 했다. 몸 전체를 고해상도 영상으로 찍어서 암이 다른 부위로 퍼져 나가지 않았는지 검사하는 것이다. 퍼져 나가지만 않았다면 암 부위를 제거하는 수술만 받으면 되었다.

벤은 존스 홉킨스 병원에서 MRI를 찍었다. 벤이 MRI 기계에서 나오자 담당 기사가 곧바로 필름을 봉투에 넣어서 건네주었다. 벤은 그 필름을 사무실로 가지고 가서 한 장을 꺼내어 벽에 걸린 판독대*에 걸었다. 등뼈를 따라 의심스러운 얼룩이 나 있는 것을 보자 벤은 가슴이 철렁 내려앉았다. 벤은 방사선과 의사는 아니지만 이런 필름을 오랫동안 보아 왔기 때문에 그것이 아주아주 나쁜 상태

---

* 판독대: 엑스레이 필름을 살펴보는 도구. 우윳빛 플라스틱 판 속에는 형광등이 있고, 판 위에 필름을 걸 수 있게 해 놓았다.

라는 것만은 잘 알고 있었다. 벤은 본능적으로 필름 가장자리에 써 있는 이름을 두 번이나 다시 확인했다.

'환자 이름 – 벤 카슨.'

벤은 책상 의자에 무너지듯 쓰러져 앉았다.

'난 정말 이것 때문에 죽겠구나.'

어찌된 일인지 벤에 관한 소문이 빠른 속도로 퍼져 나갔다. 그 다음 날 한 지역 방송국 라디오에서 벤이 암에 걸렸다는 소식이 나왔다. 악성 뇌종양이라고 했다. 그러더니 계속해서 방송국마다 앞다투어 보도하기 시작했다. 어디에서는 폐암이라느니, 대장암이라느니, 췌장암, 또는 신장암이라느니 가지가지였다.

어떤 기자는 벤이 죽어 간다고 했고, 이미 죽었다는 보도도 나왔다. 한 여자가 벤의 사무실로 전화를 걸어 왔다.

"벤 카슨 선생님이 돌아가셨다는데, 그게 사실인가요? 저는 그분에게 꼭 하고 싶은 말이 있어요."

《워싱턴포스트》 신문에는 벤의 기사가 사흘 동안 계속해서 크게 실렸다.

벤은 이런 소동에 휘둘리지 않으려 했다. 벤은 7월 4일 아침 일찍 일어나 신문에는 눈길조차 주지 않고 오랫동안 조용하게 혼자서 새벽빛을 받으며 자신의 농장 안을 걸었다. 모든 것이 너무나 평온하고 아름답게 보였다. 벤은 새 소리를 듣고 생각했다.

'나는 정말 많은 것을 누렸어. 이제부터는 하느님이 창조하신 이 아름다운 자연과 함께 보내고 싶구나.'

벤은 자신이 죽음을 맞이할 때 어떻게 받아들이게 될지 늘 궁금했었다. 이제는 알았다. 벤은 놀랍게도 평안했다.

갑자기 모든 것에서 해방되는 느낌을 받았다. 벤은 삶이 더욱 소중하게 여겨지기 시작했다. 사랑하는 사람들도 더욱 소중하게 느껴졌고, 하느님께는 더욱더 감사했다. 벤은 자기 자신과 또 가장 가까운 사람들에게 이렇게 말했다.

"하느님은 실수가 없으신 분이다. 내가 죽는다 해도 거기에는 분명히 합당한 이유가 있을 것이다. 나는 하느님이 하시는 일에 의문을 갖지 않는다. 모든 게 잘된 일일 것이다."

하지만 가족을 남기고 떠나는 것은 정말 힘든 일이었다.

고맙게도 많은 사람들이 격려와 관심을 보내오는 바람에 벤은 크게 감동을 받았다. 벤의 소식이 알려진 뒤부터 전 세계에서 온 카드와 편지가 우편함에 넘쳐 났다. 병원에서 일했던 경비원에서부터 예전 환자의 가족, 학교에서 벤이 쓴 책과 논문을 읽은 학생들, 심

▲ 벤 카슨의 가족. 왼쪽부터 벤, 큰 아들 머레이, 막내 아들 로이스, 아내 캔디, 그리고 둘째 아들 벤 주니어.

지어 미국의 대통령과 영부인에게서도 벤을 위해 기도한다는 편지가 왔다. 벤은 사람들에게 이렇게 말했다.

"하느님은 이 모든 기도를 들으셨을 겁니다. 어쩌면 저에 대한 기도를 너무 많이 들어서 지겨우실지도 몰라요."

MRI를 찍은 뒤 여러 전문가와 상담도 하고 여러 번 진찰도 다시 받았다. 그리고 나서 6일째 되는 날, 벤은 놀라운 소식을 받았다. 벤의 등뼈 필름에서 보이는, 암 덩어리로 여겨진 의심스러운 얼룩이 실은 비정상적으로 자란 골수일 뿐이라는 것이었다. 이것은 드물긴 하지만 선천적으로 가지고 태어난 것으로, 몸에는 아무런 해가 되지 않는다고 했다.

암이 아직 다른 부위로 퍼지지 않았던 것이다. 벤은 성공적으로 전립선암 제거 수술을 받았다. 담당 의사는 벤이 오랫동안 건강하게 살 수 있을 것이라고 말했다.

지금도 벤은 여전히 매일 새 소리를 듣고 주변의 아름다운 자연에 감사하며 살고 있다.

"내가 감사하게 생각하는 것은 단지 자연만이 아닙니다. 암에 걸린 경험을 통해서 환자들을 더 많이 이해할 수 있게 되었고, 그 가족들의 안타까운 마음도 더 잘 알 수 있게 되었습니다. 그리고 내 주위에 있는 모든 사람들에게 더 감사할 수 있게 되었지요. 앞으로는 어떤 일이 생기더라도 하느님을 더 깊이 믿고 또 의지할 겁니다. 이번 일을 통해 그 전보다도 더 내 시간과 지식을 다른 이들을 돕는 데 사용해야겠다는 생각이 확고하게 들었습니다."

그리고 벤은 그 다음 해에 일생에서 가장 어려운 수술을 맡게 되었다.

17. 가장 힘들었던 수술

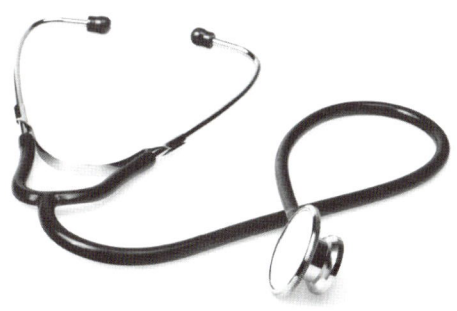

2003년, 싱가포르의 의료진이 벤에게 또 다른 쌍둥이의 수술을 맡아 달라고 연락을 해 왔다. 벤은 처음 보는 경우라서 아주 흥미로웠지만 거절했다. 이번에는 라단과 랄레 비자니라는 이름의 이란에서 태어난 쌍둥이 자매였는데, 위험 부담이 아주 커서 벤도 수술의 성공을 장담할 수 없었다.

이 이란 쌍둥이 자매는 당시 29살이었을 뿐만 아니라 머리가 붙은 채로 그때까지 상당히 성공적으로 살아와서 의사들도 놀라고 있었다. 그 쌍둥이 자매는 함께 걷는 것도 배웠고, 학교도 다른 친구들과 함께 다녔으며, 나중에는 대학도 졸업하고 법과 대학원까지 마쳤다. 그러나 바로 여기에서 두 자매는 갈등을 겪게 되었다.

이 자매는 평생을 머리 한 쪽이 붙은 채로 살아왔다. 한 번도 혼자였던 적이 없었다. 화장실도 함께 가야 했다. 매우 다른 성격을 가진 이 두 자매는 지금 서로 다른 삶의 목표를 가지고 있다. 라단은 변호사가 되려 하고, 랄레는 작가가 되고 싶어했다. 그러나 무엇보다도 그 둘은 서로 각각 떨어져서 살기를 원했다.

몇 년 동안 이 둘은 세계 여러 곳에서 자신들을 분리해 줄 의사를 찾았다. 네팔 샴 쌍둥이의 성공적인 수술 소식을 들은 두 자매는 싱가포르의 의료진에게 연락했다. 그리고 벤이 이 분야에서 가장 뛰어난 의사라는 사실을 알고, 자신들의 수술에 함께 참여해 달라고 특별히 부탁했던 것이다.

이런 부탁은 명예로운 것이긴 했지만 벤은 거절했다. 이 수술은 지금까지 벤이 한 것보다 훨씬 어렵고 위험했기 때문이다. 비자니 자매는 어른이지 어린아이가 아니었다. 이들의 뇌는 벤이 지금껏 수술한 것처럼 쉽게 상황에 적응할 수 있는 어린 뇌가 아니었다. 수술 뒤에 살아날 확률이 매우 적었다.

게다가 이 쌍둥이 자매는 건강하게 29년 동안 서로 잘 적응하며 살아왔다. 벤은 만일 몸을 분리시키는 데는 성공한다 할지라도 그 뒤에 감정적인 문제를 조절하는 것이 더 어려울 것이라고 걱정했다.

그러나 벤은 이 비자니 쌍둥이 자매에 대해 생각하면 할수록 점점 더 생각이 바뀌어 갔다. 다른 아기 환자들과는 달리 두 자매는 수술이 위험하다는 것을 알고 있고, 또 자신들의 일을 스스로 결정할 수 있었던 것이다. 그 둘은 각각 다른 목표를 가지고 있기 때문에 갈등을 겪을 테고 그러면서 함께 살아가기는 무척 힘들겠다는 생각이 벤의 마음을 무겁게 했다. 두 자매가 화를 내고 싸우고 나서도 혼자 따로 떨어져 있거나 밖에 나가지도 못한다는 것이 얼마나 힘든 일일지 벤은 그저 상상으로만 생각할 뿐이었다. 게다가 두 자매는 각각 독립적으로 살 수 없을 바에야 차라리 수술을 받다가 죽는 쪽이 낫겠다며 계속 사정했다.

그리고 마지막에는 벤이 수술에 참여하든 안 하든 자신들은 수술을 받겠다고 확고하게 결정했다. 결국 벤은 돕기로 했다. 그러나 벤은 비자니 쌍둥이 자매가 죽는 것을 보고 싶지 않았다. 또, 그런 일이 생긴 뒤에 자신이 죽을 때까지 평생 세상의 보통 외과 의사가 아니라 특히 머리가 붙은 쌍둥이를 수술하는 의사로서 다른 방법으로 수술했더라면 어땠을까 하고 후회하고 싶지도 않았다.

　몇 달 동안 원격 회의와 컴퓨터 작업을 거친 뒤에 벤은 싱가포르로 날아가서 수술 전날 드디어 병원에서 비자니 쌍둥이 자매를 만났다. 벤은 그 자매를 보고 큰 감동을 받았다.

　둘은 머리뼈가 머리 크기의 반 이상이나 붙어 있어서 서로 반대 방향으로 얼굴이 130도 돌아가 있었는데도 놀라울 정도로 잘 걸어다녔다. 서로의 귀가 부딪치고, 어깨와 팔이 끊임없이 맞비벼졌지만, 윗몸을 서로에게 기울인 채 바깥쪽 어깨를 안쪽으로 숙이고서 균형을 잡고 걸어다녔다. 두 자매는 벤에게 다가와 악수를 하고 우아하게 몸을 돌린 다음 함께 소파에 앉아 벤과 이야기를 나누었다.

　랄레와 라단은 똑똑하고 말도 잘 하며, 마음씨도 따뜻하고 친절했다. 또 단호하게 수술을 받겠다고 말할 정도로 용기도 있었다. 벤은 한 번 더 성공 확률이 높지 않다고 말해 주었다. 두 자매는 그 위험성을 잘 알고 있으며, 그럼에도 불구하고 무슨 일이 있더라도 따로따로 분리되어 정상적으로 살 수만 있다면 그 쪽을 선택하겠노라고 말했다. 그러자 벤은 자매를 수술할 의료진이 그 어느 때보다도 완벽하게 준비하고 있다고 말해 안심시켜 주었다. 그리고 수술을 성공하기 위해 할 수 있는 모든 것을 다하겠노라고 약속했다. 그런 뒤에 벤은 환자와 그 가족에게 수술 전에 늘 하던 말을 또 반복했다.

"나는 아직까지 걱정만 한다고 일이 해결되는 경우를 한 번도 본 적이 없습니다. 그래서 오늘 밤에도 나는 잠자기 전에 기도할 겁니다. 당신들도 그렇게 해 주길 바랍니다. 우리 모두가 기도한다면 내일 일은 걱정할 필요가 하나도 없을 겁니다."

28명의 의료진과 100명이 넘는 간호사, 의료기기 기술자, 조수들이 다음 날 아침 수술실에 모여들었다. 병원 밖에서는 더 많은 신문과 라디오, 텔레비전 방송국 기자들이 진을 친 채 기다리고 있었다.

수술실 안에서는 시간이 지날수록 긴장감이 더해 가고 있었다. 이번 일은 벤이 지금까지 해 온 그 어떤 수술보다도 엄청나게 도전적인 것이었다. 의사들은 천천히 연결된 조직을 분리하고 뇌에서 피가 흘러 들어가는 곳을 확인해 나갔다.

수술을 진행하면서 벤은 문득 피가 자연스럽게 새롭게 만들어진 순환 통로를 따라 흐른다는 사실을 깨닫게 되었다. 이것은 뇌가 필요한 피를 알아서 보충한다는 의미에서는 좋은 일이긴 하지만, 반대로 의사들은 그 피가 어디로 흘러 들어가는지 전혀 알 수가 없다는 단점이 있었다. 지난 몇 달 동안 두 자매의 CAT 스캔과 MRI 영상 사진을 살펴보고 순환 통로 지도를 만들어 놓았는데, 지금 바로 눈앞에서 그것이 모두 소용없게 된 것이다. 그 피가 쌍둥이의 뇌 어디로 흘러드는지 도무지 알 수가 없었다.

32시간이 지나자 벤은 의료진에게 강한 어조로 수술을 멈추고 머리뼈를 다시 붙인 뒤, 두 자매를 도로 합치고서 시간을 가지고 천천히 이 새로운 피의 순환 방식을 검토해 보자고 제안했다. 그런 뒤에 다시 분리 수술을 한다 해도 뇌는 차츰차츰 적응해 나갈 것이라고 말했다. 하지만 여기는 존스 홉킨스 병원이 아니었다. 벤이 결정을 내릴 권한이 없었다.

그때서야 벤은 이번 수술을 책임진 의사들이 비자니 자매와 수술이 일단 시작된 뒤에는 멈추거나 되돌리지 않겠다고 약속한 사실을 알았다. 랄레와 라단은 머리가 분리되지 않고서는 절대로 수술에서 깨어나지 않겠다고 했다는 것이다.

수술은 계속 진행되었다. 수술 팀은 천천히 라단과 랄레의 뇌를 분리해 나갔다. 벤의 손과 손가락은 경련이 나기 시작했다. 뒷목과 어깨 근육이 굳어지는 것이 느껴졌다. 하지만 50시간이 흐른 뒤에,

벤은 특별하고도 용감한 이 두 자매의 수술이 해피엔딩으로 끝나리라는 새로운 희망이 솟기 시작했다.

뇌 표면의 90퍼센트가 분리되었고, 환자들의 상태도 좋았다. 모든 것이 좋아 보였다.

의사들이 제일 나중에 자르고 봉합하기로 한 부분은 가장 다루기 힘든 곳이었다. 귀 뒤의 바로 아래쪽이었는데, 이 곳은 머리뼈 아래를 지탱하는 동시에 두 자매를 서로 연결시키는 뼈 중 마지막으로 남아 있는 부분이었다.

불행히도 이 곳은 수술하는 각도만 어려운 것이 아니었다. 새롭게 나타난 혈관마다 모두 마구 피가 흘러나오고 있었다. 의사들이 혈관 하나를 막을 때마다 또 다른 혈관에서 피가 흘러나오기 시작했다. 이 출혈을 막느라 두 시간 동안 벤과 다른 의사들이 갖은 애를 쓴 덕에 간신히 성공하는 듯했다. 그러나 바로 그때 라단의 심장 박동이 멈추고 말았다.

이제는 둘을 즉시 분리시키는 것밖에는 다른 방법이 없었다. 벤과 다른 외과 의사들이 계속해서 랄레의 출혈을 막는 동안, 다른 의사들은 라단을 살리려 필사적으로 매달렸지만 결국 실패하고 말았다. 라단이 죽은 뒤에는 모두 랄레를 살리는 데만 집중했다. 그러나

90분 뒤 랄레 역시 피를 너무 많이 흘려 죽고 말았다.

　53시간 동안 겨우 세 시간이나 네 시간 반 정도 선잠을 자면서 수술했지만, 결국 실패하고 말았다. 벤은 깊은 슬픔인지 피곤인지 모를 감정에 휩싸였다. 그 기분은 다시는 겪고 싶지 않은 끔찍한 느낌이었다.

　언론은 이 슬픈 소식을 전 세계에 전했다. 곧바로 일부에서 그 수술이 위험을 감수하고 할 만큼 꼭 필요했느냐는 질문을 해 왔다. 한 비판적인 기자가 벤에게 실패에 대한 소감이 어떤지 물었을 때 벤은 비자니 자매의 숭고함과 안타까움, 그리고 그들의 죽음에 대한 깊은 애도의 마음을 말해 주었다. 그리고 이렇게 덧붙였다.

　"우리는 좋은 결과가 나오지 않으면, '실패'라고 합니다. 하지만 토머스 에디슨도 전구에 불이 들어오지 않는 구백 구십 구 가지 방법을 찾은 뒤에야 마지막 한 번의 성공을 거두었다고 하지 않았습니까? 그런데 지금 우리는 희망을 가지고 있습니다. 이런 쌍둥이들이 안전하게 분리 수술을 받고 모두 정상적으로 살아가는 날이 꼭 올 거라고 저는 믿습니다. 그리고 라단과 랄레는 자신과 같은 사람들을 위해 큰 공헌을 했다고 생각합니다. 언젠가는 그 용감한 두 여성이 꿈꾼 것이 반드시 이루어질 겁니다. 정상적이고 독립적으로 살아가려고 한 용기와 꿈이었지요."

벤에게는 남아프리카의 마쾌바 쌍둥이가 죽었을 때처럼 여전히 풀지 못한 의문 몇 가지가 남아 있었다. 하지만 벤은 그 의문들에 대한 답은 반드시 있을 것이라고 확신하며 조급하게 찾지 않으려고 노력했다. 또 시간이 지남에 따라 그러한 답들도 명확해질 것이라고 믿었다.

그리고 몇 년 동안 성공과 실패를 거듭하는 동안에 벤은 중요한 교훈을 얻었다. 벤은 이렇게 해서 얻은 삶의 중요한 교훈을 다른 사람들에게도 전해 주고 싶었다. 그래서 그를 부르는 곳이면 어느 곳이든 가서 강연을 했다.

여덟 번째 이야기,
벤의 성공 철학은 크게 생각하기
THINK BIG

벤은 어린 학생들에게 강연할 때마다 자신은 세계에서 가장 유명한 병원의 소아 신경외과 의사라고 소개한 뒤, 예전에는 자신이 '최고 왕바보'였다고 말했다. 벤은 자신이야말로 꿈을 이루려는 노력과 지식에 대한 열의와 호기심, 그리고 하느님의 도움이 있으면 무엇이든지 이룰 수 있다는 것을 보여 주는 산 증인이라고 말했다. 그리고 독서가 자신의 인생을 바꾸어 놓았다고, 가난에서 벗어날 수 있게 해 주고, 꿈을 이룰 수 있게 해 주었다고 늘 강조했다.

18. 머리는 있는 거니?

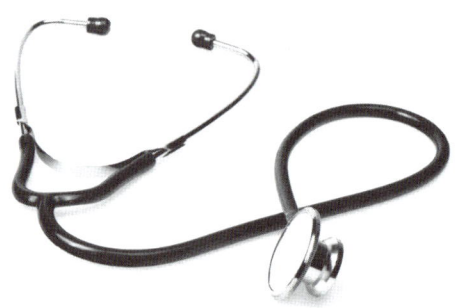

거의 매주 벤은 이곳 저곳으로 강연을 하러 다녔다. 벤의 전체 이름은 벤저민 솔로몬 카슨이다. 그 이름의 솔로몬 왕처럼, 벤은 자신이 얻은 지혜와 교훈을 사람들과 자유롭게 나누었다.

벤은 인기 많은 강연자여서 그를 초청하려면 몇 달, 심지어 몇 년이 걸리기도 했다. 벤은 학교 집회나 대학 졸업식, 직장인 모임, 교회, 수천 명이 모인 대규모 강연회, 심지어 워싱턴 DC의 국가 조찬 기도회에서 미국 대통령과 의회의 수많은 의원들 앞에서 강연하기도 했다. 하지만 벤이 가장 좋아하는 청중은 어린 학생들이었다.

벤은 학기 중 월요일 아침에는 자주 볼티모어 지역에 있는 학교에서 오는 단체 학생들을 맞이하곤 했다. 그 학생들은 현장 체험 학습으로 존스 홉킨스 병원에 찾아오는데, 한 번에 7백~8백 명의 학생들이 한꺼번에 찾아왔다. 그 학생들은 터너 강당에 모여서 신경외과의 샴 쌍둥이 수술을 비롯해서 그 병원에서 하는 많은 일에 대한 슬라이드도 보고 벤도 만났다.

벤은 어린 학생들에게 강연할 때마다 자신은 세계에서 가장 유명한 병원의 소아 신경외과 의사라고 소개한 뒤, 예전에는 자신이 '최고 왕바보'였다고 말했다. 벤은 자신이야말로 꿈을 이루려는 노력과 지식에 대한 열의와 호기심, 그리고 하느님의 도움이 있으면 무엇이든지 이룰 수 있다는 것을 보여 주는 산 증인이라고 말했다. 그리고 독서가 자신의 인생을 바꾸어 놓았다고, 가난에서 벗어날 수 있게 해 주고, 꿈을 이룰 수 있게 해 주었다고 늘 강조했다.

벤은 어떤 처지에 있든, 피부색이 어떻든, 어떤 출신이든, 그리고 집에 돈이 많든 적든 아무런 상관이 없다고 말했다. 지식에 대한 열정과 노력하는 것만이 모든 것을 평등하게 해 주는 것이라고 얘기했다. 한 예로 의사가 되는 데는 오직 한 가지, 꿈을 가지고 노력하는 것만 필요할 뿐이다. 집이 가난해도 상관없다. 열정과 굳은 결심만이 의사가 되는 꿈을 실현시켜 주는 데 필요한 전부라고 말했다.

벤은 학생들이 마주치게 되는 수많은 어려움 중에서도 특히 한 가지를 조심하라고 일러 주면서, 자신도 그것으로 인해 하마터면 인생을 망칠 뻔했다고 고백했다.

"그것은 바로 '나쁜 친구들'인데, 남들에게 못된 짓 하고 무례하며 어리석은 사람들이지요. 그들은 나뿐 아니라 친구들까지 망치게 합니다."

벤은 학생들에게 하느님이 우리들에게 공평하게 주신 생각하는 머리와 따뜻한 마음으로 스스로를 돌아보며 어려운 일이 닥쳤을 때 어떻게 극복해 나갈지 상상해 보라고 했다.

또한 벤은 청중들에게 늘 사람의 뇌가 지닌 놀라운 가능성을 알려 주어 용기를 가질 수 있게 했다. 그러면서 자신이 겪은 이야기를 해 주었다.

"어렸을 때 나와 형인 커티스는 어머니가 시키거나 기대하는 일

▲ 꼴찌에서 세계 최고 신경외과 의사가 된 벤 카슨.

에 대해서 늘 변명만 늘어놓곤 했습니다. 좀 힘들게 느껴지는 일이 있으면 불평을 해 댔고, 살아가다가 장애물이 생기면 낙담하거나 피해 버리고 말았죠. 우리가 어떤 문제로 징징거리면 어머니는 답답하다는 표정을 지으며 이렇게 묻곤 하셨습니다.

'머리는 있는 거니?'

그 말의 뜻은 바로 이겁니다. 우리들한테도 머리가 있으니까 그걸 쓰라는 것이지요. 인생을 살아가다가 문제가 생기면 그것을 해결해 줄 수 있는 것은 바로 우리의 머리라는 겁니다.

어머니는 우리 형제에게 사람의 머리가 가진 무한한 잠재력을 깊이 존중하라고 일러 주었습니다. 그리고 내 경우에는 그 존중의 마음이 세월이 지나면서 경외감으로 바뀌게 되었습니다. 어린 아이의 머리를 열어 뇌를 볼 때마다 나는 늘 그 신비함에 놀라곤 합니다. 바로 그 뇌가 지금 바로 우리들 자신의 모습을 만드는 것이지요. 그 곳에 우리의 모든 기억, 모든 생각, 모든 꿈이 간직되어 있지요. 이것 때문에 우리들이 수백만 가지의 다른 모습으로 남들과 다르게 각각 살아가고 있는 겁니다. 하지만 만일 지금 내 뇌와 여러분의 뇌를 꺼내서 나란히 놓는다면 아무런 차이점도 볼 수 없을 겁니다. 우리 모두가 다른 사람들과 서로 다른데도 말입니다. 이 점이 나에게는 아직도 놀라울 따름입니다.

사람의 뇌에는 수십억에 수십억을 곱한 것과 같은 수많은 연결 부분과 신경 세포와 연접 부분이 있는데, 과학자들은 이들을 이제 겨우 조금씩 이해하기 시작했을 뿐입니다. 여기에 마음이나 정신에 관계된 일들을 더한다고 할 때, 사람의 뇌는 엄청나게 거대하고 복잡한 실험실 같을 것입니다. 그래서 우리가 천 년 동안 아무리 더 알아 내려 노력한다고 해도 뇌 표면에 있는 거의 표시도 나지 않을 정도의 아주 작은 부분밖에 이해하지 못할 것입니다.

여러분은 어떤 슈퍼 컴퓨터라도 보통 사람의 뇌 용량에는 근처에도 갈 수 없다는 사실을 알고 있습니까? 우리들 한 사람 한 사람이 가지고 있는 이 능력은 하느님에게서 받은 굉장한 선물이지요. 우리의 뇌는 온 우주에서 가장 복잡한, 살아 있는 기계와 같은 겁니다. 여러분의 뇌는 일 초에 이백억 개의 정보를 처리할 수 있습니다. 내가 만일 한 사람을 이 무대에 세우고 관중들을 일 초 동안 보게 하고서 내려 보낸 다음, 오십 년 뒤에 그 사람의 뇌를 열고 일정한 깊이에 전극을 꽂은 다음 적당한 곳을 자극한다면, 그 사람은 여기에 있는 팔백 명 한 사람 한 사람이 어디에 앉아 있었는지, 또 어떤 옷을 입고 있었는지 모두 기억해 낼 수 있습니다. 사람의 뇌란 이렇게 놀랍고도 복잡한 것입니다. 정말로 믿어지지 않는 일이지요."

벤은 자신의 생각을 더 잘 이해시켜 주기 위해 터너 강당 안에 있는 학생들에게 다양한 질문을 했다. '오늘 아침에 먹은 음식을 얼마나 많이 기억하는가?' '어제 오후에 한 일을 얼마나 많이 기억하는가?' 이 질문의 목적은 학생들에게 손을 들게 하는 것이었다.

그러고 나서 재빠르게 이렇게 말해 나갔다.

"내가 이런 질문을 할 때 여러분의 뇌가 어떤 일을 하는지 알고 있나요? 먼저, 소리의 파동이 내 입술에서 떠나 공기를 타고 여러분 귀의 바깥귀길 속으로 들어갑니다. 그런 뒤에 고막으로 내려가 진동으로 변한 다음 속귀에 있는 귓속뼈를 타고 타원창*과 달팽이창*으로 전달되어서 속림프 속에서 진동이 발생하게 되는데, 이것이 자동적으로 귀 안의 섬모를 떨게 해서 기계 에너지가 전기 에너지로 바뀌지요. 이것은 또 와우신경*을 타고 다리뇌숨

---

* **타원창**: 가운데귀와 속귀 사이에 있는 타원형의 구멍.
* **달팽이창**: 가운데귀의 안으로부터 속귀의 달팽이관으로 통하는 구멍.
* **와우신경**: 달팽이관에 분포되어 있는 뇌신경 중 하나로, 청각을 담당한다.

뇌연결의 달팽이신경핵으로 가서 거기에서 다시 위쪽의 올리브핵*까지 간 다음 머리 양쪽을 타고 가쪽섬유띠를 따라 뇌간*으로 올라가 아래둔덕과 아래무릎핵으로 갑니다. 그리고 나서 시상부챗살을 지나 후측두엽으로 가서 청각 과정이 시작되는데, 여기에서부터 다시 전두엽*으로 가서 비크다쥐르 관으로 내려가 중간해마구조와 유두체에서 기억된 것을 재생하고, 또다시 전두엽으로 가서 일차 운동 영역을 담당하는 베츠 세포에서 운동신경 반응이 시작되지요. 그 다음 겉질척수관으로 내려가 속섬유를 지나 소뇌다리* 속으로 들어간 뒤 목숨뇌연결로 내려가서 척수*와 회백질* 속으로 들어가 맞닿게 됩니다. 그런 다음 신경근육연결로 이어져서 신경과 근육을 자극하여 여러분이 손을 들 수 있었던 겁니다."

---

* **올리브핵**: 뇌에서 올리브처럼 생긴 타원형의 불룩 튀어나온 것. 당겨서 늘이면 한 장의 회백질판이지만, 여러 개의 주름으로 접혀 있다. 주름수는 사람이 가장 많다.
* **뇌관**: 뇌에서 좌우 대뇌반구 및 소뇌를 제외한 나머지 부분을 말한다.
* **전두엽**: 대뇌반구의 일부로 중심구보다 전방에 있는 부분으로, 기억력, 사고력 등의 고등 행동을 담당한다.
* **소뇌다리**: 소뇌는 주로 운동 신경과 평형 감각을 조절한다. 소뇌는 다리를 세 부분으로 뻗고 있는데, 이 다리를 통해 소뇌로 들어가고 나오는 모든 정보가 전달된다.
* **척수**: 척추 동물에서 뇌와 함께 중추 신경계를 구성하는 신경세포 집합체. 등뼈라고 부르는 척추의 안쪽에 있다.
* **회백질**: 척추 동물의 뇌와 척수에서 신경 세포가 모여 있는 곳으로 중추 신경의 조직을 눈으로 관찰했을 때 회백색을 띠는 부분이다.

여기까지 이어지면 관중석에서는 어김없이 박수갈채가 터져나왔다.

"물론 이것은 순간적으로 일어나는 아주 간단한 과정입니다. 여기에다 억제와 조정 현상까지 더해서 설명한다면 이 한 가지만으로도 몇 시간을 설명해야 할 겁니다.

여러분의 뇌가 이 모든 일을 다 한다는 것을 알고 있었나요? 여러분은 이런 생각을 거의 해 보지 않았을 겁니다. 하지만 뇌는 이보다도 더 많고 더 복잡한 일을 동시에 해 내고 있죠. 자, 그럼 한번 생각해 보십시오. 이와 같은 뇌를 가지고 있으면서도 왜 사람들이 '할 수 없다'는 말을 하는지.

우리는 살아가면서 어려운 일을 만날 때 불평할 수도 있고, 그런 것들을 외면할 수도 있으며, 장애물이 나타나면 꼼짝도 못하고 가만히 있을 수도 있습니다. 하지만 또 다른 방법도 있지요. 바로 우리 어머니가 하신 말을 여러분도 스스로에게 해 보는 겁니다. '머리는 있는 거니?'하고 말입니다. 그런 다음 하느님이 우리에게 주신 이 믿을 수 없이 놀라운 도구를 사용해 보는 겁니다!"

19. 크게 생각하기

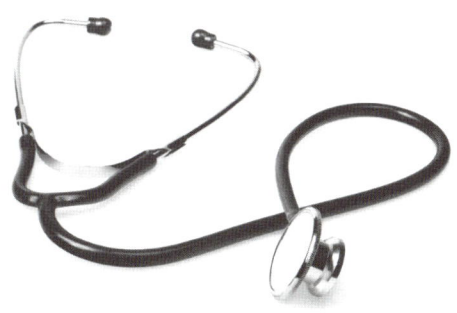

벤은 또 모든 나이의 청중들에게 '크게 생각하기(THINK BIG)'에 대해서 늘 말해 주었다. '크게 생각하기'야말로 자신이 성공할 수 있었던 인생 철학이라고 말했다. 그리고 그 글자 하나하나에 의미를 담아 이렇게 설명했다.

티(T)는 재능(Talent)을 뜻합니다. 이것은 모든 사람이 가지고 있는 능력이지요. 하지만 단순히 춤추거나 노래하거나 공을 던지는 능력만을 말하는 것이 아닙니다. 농구를 아주 잘 하는 사람은 매우 드뭅니다. 백만 명 가운데 오직 일곱 명만이 엔비에이*에 들어갈 수 있지요. 하지만 우리 모두는 다 다른 능력을 가지고 있습니다. 바로 그 점을 생각하고 우리 스스로에게 이렇게 질문해야 합니다. 지금까지 살아오면서 내가 제일 잘 하는 것이 무엇이었을까? 어떤 과목을 제일 잘 했을까? 다른 사람들이 나를 칭찬한 게 무엇이었을까? 다른 친구들은 힘들어했지만 나는 재미있었던 일은 무엇이었을까?

이런 것들이 바로 여러분의 재능입니다. 내가 일생 동안 무슨 일을 할까 결정할 때 난 내 자신을 분석해 보았습니다. 그리고 이렇게 물었죠. 내가 꼭 해야 할 일이 무엇일까? 내가 정말로 잘 하는 것이 무엇일까? 이렇게 해서 나는 신경외과를 선택하게 되었습니다.

에이치(H)는 정직(Honesty)을 뜻하지요. 예일 대학의 동기 중 우등으로 졸업한 친구가 있었습니다. 하지만 그 사람은 정직하지 않았습니다. 꼭 지켜야 하는 것들을 잘 지키지 않았죠. 시험 때 부정 행위도 했습니다. 대학의 시험은 명예를 바탕으

---

*엔비에이NBA: 1949년에 설립된 미국 프로 농구 협회로, 30개의 프로 농구팀이 가입되어 있다.

로 해서 치러지기 때문에 교수님들은 문제지를 나누어 주고 강의실에서 나갑니다. 학생들이 책을 보고 답을 쓰지 않으리라고 믿는 거죠. 하지만 시험 시간에 나는 그 친구가 책을 들추고서 쓰는 것을 여러 번 보았습니다. 그 사람은 이렇게 생각했겠죠. '교수님은 여기에 없으니까 보지 못하겠지. 다른 학생들은 내가 부정 행위를 저지르는 것을 볼 테지만 뭐라고 하지는 않을 거야.' 하지만 정직이야말로 가장 중요한 덕목입니다. 의과 대학을 지원한 동기 중 그 친구 한 명만 떨어졌습니다.

아이(I)는 통찰력(Insight)을 뜻합니다. 이것은 여러분이 가려는 길을 먼저 도전한 분들의 말에 귀를 기울일 때 얻을 수 있습니다. 역사상 가장 현명한 사람인 솔로몬이 이렇게 말했죠. '다른 사람의 성공과 실패를 통해서 배우는 사람은 지혜롭고, 그렇지 못한 사람은 어리석다.'

내가 어렸을 때 어머니는 부잣집에서 파출부로 일했습니다. 어머니는 일하러 가면 그 집 주인에게 여러 가지를 묻곤 했습니다. 아이들이 무슨 책을 읽는지, 여가 시간은 어떻게 보내는지, 어떤 활동을 하는지 알고 싶었던 겁니다. 그렇게 해서 그 아이들이 텔레비전을 많이 보지 않는다는 것을 알았습니다. 여기에서 어머니는 통찰력을 얻은 거죠.

　크게 생각하기(THINK BIG)에서 엔(N)은 친절(Nice)을 뜻합니다. 사람들에게 친절한 것 말입니다. 여러분이 순수한 마음으로 친절하게 대한다는 것을 다른 사람들이 알게 된다면, 그 사람들도 여러분에게 친절하게 대할 겁니다. 그리고 다른 사람들과 여러분이 서로서로에게 친절하게 대한다면 훨씬 많은 것을 얻을 수 있겠지요.

　만일 여러분이 지금까지는 친절하지 않았다면 앞으로 일주일만 친절하게 해 보라고 권하고 싶습니다. 무슨 뜻이냐고요? 그것은 남들을 뒤에서 흉보지 않는 것을 말합니다. 누군가가 힘들어하면 그 사람을 도와 주십시오. 남을 도와 주려면 그 사람을 비판할 것이 아니라 오히려 그 사람의 입장이 되어 주어야 합니다.

　엘리베이터 문이 열렸는데 만일 한 사람밖에 탈 수 없다면 다른 이에게 양보하십시오. 그것은 다른 사람을 배려해 주는 겁니다. 엘리베이터를 타거나 학교 복도에서 다른 사람을 만나면 먼저 인사하십시오. 처음엔 사람들이 쑥스럽게 생각할지 모르지만 대부분은 기분이 좋아져서 여러분에게도 인사하게 될 겁니다. 결국 친절한 행동은 다른 사람들에게도 퍼지는 것이지요.

케이(K)는 지식(Knowledge)을 뜻합니다. 지식은 여러분을 가치 있는 사람으로 만들어 줄 겁니다. 그래요, 나는 큰 집도 있고 좋은 차도 있습니다. 돈으로 많은 것도 샀습니다. 하지만 그런 것들이 중요할까요? 물론 아니지요. 누군가가 와서 그런 것들을 몽땅 가져간다 해도 큰일날 것이 없습니다. 내 머릿속에 든 것을 이용해서 다시 살 수 있으니까요.

솔로몬은 금도 좋고 은도 좋고 보석도 좋지만 그것보다 더 좋은 것은 지식과 지혜, 그리고 깨달음이라고 말했습니다. 왜냐하면 지식이나 지혜, 깨달음이 있으면 금이나 은, 보석도 얻을 수 있기 때문이지요. 그러나 그보다 더 중요한 사실은 금이나 은, 보석이 그리 대단하지 않다는 것을 깨달아야 하는 겁니다. 무엇보다 귀한 것은 하느님이 여러분에게 주신 능력을 개발하여 여러분 주위에 있는 사람들에게 베푸는 것이지요.

비(B)는 책(Book)을 뜻합니다. 성공을 얻을 수 있는 무한한 자원이 들어 있는 곳. 바로 내가 그것을 증명할 수 있는 가장 좋은 예입니다.

두 번째로 나오는 아이(I)는 깊이 있게 공부하기(In-depth learning) 입니다. 지식을 갖추고 올바로 깨우치는 것은 겉으로만 얕게 공부하는 것과는 완전히 다르죠. 겉핥기식으로 공부하는 사람들은 시험 직전에만 벼락치기 공부를 합니다. 이렇게 하면 시험은 잘 볼지 몰라도 삼 주만 지나면 하나도 기억하지 못하게 되지요.

지(G)는 하느님(God)을 뜻합니다. 우리는 '공적으로는 하느님이라는 말을 사용하면 안 된다'는 사회에서 살고 있습니다. 그렇게 하면 마치 교회와 국가에 범죄를 저지르는 것같이 여겨지지요.

토머스 제퍼슨은 미국을 세운 위인 중 한 분입니다. 그분의 서재에는 190권이나 되는 종교 서적이 있었습니다. 미국의 독립헌장에는 '창조주가 우리에게 주신 절대적인 권리'라는 말이 분명히 들어가 있습니다. 국기에 대한 맹세에도 '하느님이 보우하시는 나라'라는 말이 들어가 있고요. 미국의 법정 벽에는 거의 모두 '우리는 하느님을 믿는다'는 말이 걸려 있습니다. 우리 주머니에 있는 동전이나 지갑에 있는 돈에도 역시 '우리는 하느님을 믿는다'는 말이 들어가 있습니다.

독립헌장에 그런 말이 들어가 있고, 국기에 대한 맹세에도 들어가 있으며, 법정에도 걸려 있고, 돈에도 들어가 있다면 우리는 그런 말을 해도 상관없지 않을까요?

우리는 분명히 사람들 앞에서 하느님의 법도 안에서 살고 있다고 말해야 합니다. 우리는 친구들을 사랑하고 이웃을 돌보며, 하느님이 주신 재능을 살려서 남들에게 봉사하여 우리 주변에 있는 사람들에게 모범을 보여야 합니다. 자신 있게 행동하거나 모범을 보이는 것이 비판 받을 일이 아니라는 것을, 그리고 자신의 소신을 분명하게 밝히는 것이 잘못된 행동이 아니라는 것을 우리는 서로서로에게 확신시켜 주어야 합니다.

이러한 신념을 우리 삶에 적용하고, 또 우리 다음 세대까지 이어지게 한다면 그때서야, 오직 그러할 때만이 우리 모두는 진정으로 하나가 될 것이고, 또한 역사상 가장 위대한 나라를 만들 수 있을 것입니다.

아홉 번째 이야기,
젊은이들의 꿈과 희망이 된 벤

벤은 이 모든 공식적인 인정과 명예보다도 전 세계에서 받은 수십만 통의 편지들이 훨씬 더 의미있다고 말했다. 매주, 거의 매일, 젊은이들은 벤에게 편지를 썼다. 그의 이야기를 듣거나 그의 책을 읽고, 혹은 텔레비전이나 잡지에서 그의 인터뷰를 보게 되었다고 했다. 그를 통해 자신들에게도 삶을 이끌어 나갈 머리와 능력이 있다는 사실을 깨달았다고, 그리고 자신들의 삶이 바뀌게 되었다고 이야기했다.

20. 어려운 환경의 학생들에게 희망이 된 벤

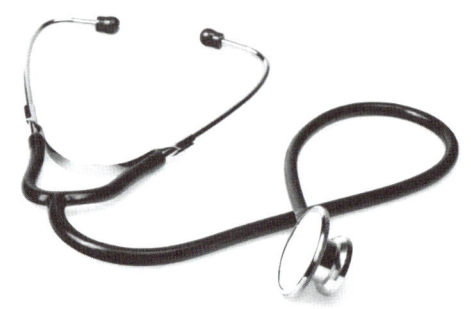

학교에서 꼴찌, 왕바보라고 놀림 받는 아이였던 벤 카슨은 놀라운 도전 정신으로 세계 최고의 뇌수술 전문의가 되었다. 그리고 큰 명성을 얻었으며, 훌륭한 상을 수없이 많이 받았다. 전 세계 수백만 명의 사람들이 신문이나 잡지, 그리고 책에서 벤의 이야기를 읽었다. 그의 이야기는 연극으로도 만들어져 몇년 동안 수천 명의 볼티모어 지역 학생들이 관람했다.

2009년 〈터너 네트워크 텔레비전〉에서는 벤의 자서전을 영화로 만들었다. 주연 배우는 쿠바 구딩 주니어였고, 영화의 제목은 《신의 손》이었다. 이 영화는 여러 케이블 방송들에서 계속해서 재방영되고 있다. 또한 벤의 이야기를 다룬 DVD가 놀랍게도 50만 개 가깝게 팔렸는데, 지금도 여전히 잘 팔리고 있어서 전 세계 수백만 명 이상의 사람들이 이 DVD를 이미 봤지만 앞으로도 계속 보게 될 것이다.

〈터너 네트워크 텔레비전〉의 영화로 만들어지기 전에 많은 영화 제작자들이 벤의 감동적인 이야기를 영화로 만들고 싶다고 찾아왔었다. 하지만 벤은 모든 영화 제작자들의 제의를 거절했는데, 이유는 그들이 벤에게 '아티스틱 라이선스' 즉, '시적 허용'을 받아들이기 원했기 때문이었다. 이 말은 영화사가 원하는 대로 이야기를 바꾸는 것을 허락한다는 할리우드 용어로, 흔히 있는 일이었다. 영화사들은 이야기를 더 재미있고 극적으로 만들기 위해 사실에 없는 장면들과 인물들을 더 만들어 낼 때도 있었다. 또, 영화사가 목표하는 바에 맞지 않을 때, 때로는 단순히 맘에 들지 않을 때에도 이야기의 중요 부분임에도 불구하고 없애버리곤 했다.

벤은 영화 제작자들이 자신의 삶에 대해서 진실된 이야기를 하겠다고 그리고 모든 면에서 가능한 한 사실적으로 영화를 만들겠다고 동의하지 않는 한, 자신의 이야기를 영화로는 만들지 않겠다고 결심했다. 벤에게 가장 중요한 것은 자신의 삶과 의사로서의 성공에 있어서 하느님에 대한 그의 믿음이 커다란 역할을 했다는 것을 정확하면서도 정직하게 그려 내는 것이었다. 그래서 벤은 자신의 이야기에서 어떤 부분이 절대적으로 포함되어야하고, 또 어떤 장면들은 빼 버려도 되는 건지, 영화의 내용에 대한 최종 결정권이 자신에게 주어져야 한다고 주장했다.

〈터너 네트워크 텔레비전〉 영화 제작자들은 벤의 말에 동의했을 뿐만 아니라 이를 실천했다. 벤은 영화 속 수술 장면에 대해 이렇게 말했다.

"영화 속 수술 장면들이 실제와 꼭 같은 것처럼 보이는 이유는 〈터너 네트워크 텔레비전〉 스튜디오가 모든 수술실 장면 속 수술 팀 부분을 연기하도록 실제 의사들, 간호사들, 의료 기술진들을 고용했기 때문이에요. 배우들이 모두 의료 전문가들이었기 때문에 가상의 수술에서 자신들의 역할을 훌륭하게 해냈던 것이죠. 게다가 실제 수술을 영화로 찍은 것은 아니지만 놀랍도록 진짜와 닮은 뇌를 포함해서 실제 소품들을 이용했어요."

이밖에도 촬영팀들은 벤에게 자신들이 정확하게 찍었는지를 끊임없이 확인받았다. 벤은 회상했다.

"영화를 만드는 동안 나는 세트장에 있는 누군가로부터 하루에도 세 번, 네 번, 때로는 다섯 번까지 전화를 받았죠. 그들은 영화 속 어떤 장면에 대해 저한테 재확인 받으러 했어요. 가끔은 수술을 하고 있을 때 전화가 걸려 오기도 했어요. 나는 수술 진행이 어느 정도 안정된 상태에 이르렀을 때 전화를 연결했죠. 간호사가 전화를 내 귀에 대 주었어요. 그러면 통화가 끝난 뒤 수술실을 나와서 소독하고 손을 다시 씻고 새 수술 가운과 장갑으로 갈아입지 않아도 되니까요. 나는 전화에 대고 설명했지요. '지금 저는 뇌수술 중입니다. 나중에……' 하지만 촬영팀은 내 말이 끝나기도 전에 '괜찮아요, 박사님. 아주 짧은 질문이에요.' 하고 질문을 했지요. 할리우드는 항상 할리우드만의 우선 순위를 가지고 있는 것 같아요."

그 뒤 카슨 부부가 디트로이트에서 촬영하고 있는 영화 세트장을 방문했을 때, 모든 출연진들과 촬영팀은 그들을 열정적으로 환영했다. 벤의 역할을 맡고 있던 배우 쿠바 구딩 주니어는 카슨 부부에게 이런 따뜻한 환대에 대해 설명했다.

"박사님이 아셨으면 좋겠어요. 이 영화를 찍고 있는 우리 모두는 단순히 일을 한다고 생각하지 않습니다. 사명이라고 생각하고 있어요."

벤이 살아온 이야기 속에 들어 있는 감동적인 메시지와 그의 신앙적 고백은 배우들과 영화 제작자들에게 영향을 미친 것이 분명했다. 바로 이 점이 오래전에 개봉되었는데도 불구하고 왜 아직도 이 영화를 수백만의 사람들이 계속해서 재방송으로, 또 DVD로 보고 있는지에 대한 이유이기도 하다.

* * *

디트로이트 공립학교는 마그넷 스쿨* 중의 하나에 '닥터 벤 카슨 과·의학 고등학교'라는 이름을 지어 운영했다. 이렇게 명예로운 일에 벤의 이름이 오른 것은 그가 가장 유명하면서도 큰 성과를 낸 졸업생들 중의 한 명이기 때문이었다. 이 일로 벤은 그가 자라난 도시에서 유명해졌지만, 벤을 흥분시킨 것은 그의 이름이 걸린 이 학교를 통해 디트로이트에 있는 어린 학생들에게 희망을 줄 수 있다는 사실이었다. 과학과 의학을 공부하고 싶어하는 학생들은 자신

---

*마그넷 스쿨: 다른 지역 학생들을 유치하기 위해 일부 교과목에 대해 특수반을 운영하는 대도시 학교.

들을 전문가로 키우기 위해 준비된 학교에서 꿈을 키우고 자신들의 목표와 관심을 추구할 수 있는 좋은 기회를 얻게 되었다.

벤의 성공이 어려운 환경에서 꿈을 이루려는 학생들에게 본보기가 된 것은 디트로이트만이 아니었다. 애틀랜타 공립학교는 '벤 카슨 명예 예비 학교'라는 이름의 중학교를 만들었고, 조지아 주 수도 중심부에는 '아카데미-벤 카슨 교육 단지'가 세워졌다. 이 아카데미의 목표는 안전하고 교육적인 배움의 환경을 제공하고 충실한 대학 준비 과정을 제공해 세계적으로 경쟁할 수 있는 지도자들을 키워 내는 것이었다.

2012년 봄, 벤과 캔디는 나이지리아의 라고스 외곽에 위치한 배브록 대학 병원의 '벤 카슨 의과 대학' 개교식에 참석하러 아프리카에 갔다. 이 대학의 개교를 축하하러 온 5만 명의 사람들 앞에서 연설할 때 벤은 선교 의사가 되고자 했던 어린 시절의 꿈을 기억하며 이렇게 말했다.

"그건 오랜 동안 가지고 있었던 나의 인생 계획이었죠. 하지만 하느님께선 나를 위한 다른 계획을 가지고 계셨어요. 나 자신의 것이 아닌 그분의 계획을 따랐기 때문에 나는 다양한 방법으로 나의 믿음과 하느님의 위대한 사랑을 나눌 수 있었습니다. 그리고 선교사로서 할 수 있었을 그 어떤 것보다 더 많은 것을 사람들에게 줄 수 있었어요.

나는 지금 여기 아프리카에 있습니다. 자신의 의술을 공동체를 위해 헌신할 수 있는 많은 의사들을 훈련시키게 될 크리스천 의대가 문을 열게 되었기 때문이지요. 나는 이런 학교가 아프리카 전역으로, 더 나아가 세계적으로 퍼져 나가기를 바라고 있습니다. 이렇게 학교를 세우는 일은 우리 자신들을 위해서 우리가 세운 계획들 보다 우리를 위한 하느님의 계획이 항상 더 좋은 것이라는 사실을 보여주고 있습니다. 우리가 하느님의 말씀을 읽고 순종하며 따른다면, 주님은 우리를 놀라게 하실 것이고 우리가 우리 자신들에 대해 상상했던 그 어떤 것보다 더 많고 더 위대한 것을 할 수 있게 해 주실 겁니다.

성경 이사야서 55장 9절에서는, '하늘이 땅보다 높음같이 하느님의 방법이 우리들의 방법보다 더 높다.'고 말씀하셨습니다. 나의 전 인생과 경험을 통해 이 말이 진실임을 반복해서 증명하고 있습니다."

* * *

　수년 동안 전 세계의 대학들은 벤에게 70개 정도의 명예박사 학위를 수여했다.

　매년 전미 흑인 지위 향상 협회는 '아프리카계 미국인이 이룬 뛰어난 업적'을 기리기 위해 〈스핀간 상〉을 수여한다. 이 상을 수상한 사람들은 조지 워싱턴 카버, 서드굿 마셜, 재키 로빈슨, 로사 팍스, 마틴 루터 킹 주니어, 빌 코스비 주니어, 콜린 포웰 등이 있다. 벤은 2006년에, '5학년에 꼴찌였지만 미국에서 가장 젊은 소아 신경외과장이 되기까지 보여준 성장하는 삶과 뛰어난 업적에 경의를 표하고자 한다.'는 수상의 이유와 함께 이 상을 받았다.

　또한 워싱턴 D.C.의 포드 극장은, '자신의 작품이나 업적 또는 개인적인 능력을 통해 미국 역사상 가장 사랑을 받았던 대통령인 에이브러햄 링컨처럼 타인의 모범이 될 만한 유산을 남긴 사람들'에게 매년 링컨 메달을 수여했다. 2008년, 백악관 특별 행사에서 벤은 시인 마야 안젤루, 배우 루비 디, 최초의 여성 대법관인 산드라 데이 오코너와 함께 이 메달을 받는 영예를 안았다.

　상을 수여한 뒤, 부시 대통령은 영부인인 로라 여사와 함께 수상자들과 사진을 찍으려고 기다렸는데, 벤의 어머니와도 사진을 찍고 싶다고 말했다. 그때 소냐 카슨은 앞으로 걸어 나와서 퍼스트레이디하고만 사진을 찍고 싶다고 말했다.

"대통령께선 웃으면서 소리치셨죠. '사진 밖으로 나가 달라는 요청을 받은 셈이군!' 대통령은 품위가 있었고 호인이었어요. 화가 나셨다고 생각되지 않아요. 왜냐하면 제가 몇 주 후에 다시 백악관으로 초대를 받았거든요."

벤은 그때 상황을 이렇게 회상했다.

실제로 2008년 6월 19일, 부시 대통령은 백악관에 카슨 가족 모두를 초청했다. 이 행사에서 대통령은 외과 의사로서의 업적과 청소년들의 삶을 향상시키고자 한 노력을 칭찬하고자 미국 시민으로서 최고의 명예인 '대통령 자유 메달'을 벤에게 수여했다.

"나의 삶 전체에서 경험한 어떤 것보다도 이 행사에는 뭔지 모를 위풍당당함이 있었어요. 우리 가족은 백악관에서 극진한 대접을 받았어요. 오케스트라, 기수단, 장교와 장관들, 상원위원과 대법관들, 그리고 다른 많은 현직 고관들이 함께 했습니다. 믿을 수 없을 정도로 영예로운 곳에 초대받은 거죠."

하지만 벤은 이 모든 공식적인 인정과 명예보다도 전 세계에서 받은 수십만 통의 편지들이 훨씬 더 의미있다고 말했다. 매주, 거의 매일, 젊은이들은 벤에게 편지를 썼다. 그의 이야기를 듣거나 그의 책을 읽고, 혹은 텔레비전이나 잡지에서 그의 인터뷰를 보게 되었다고 했다. 그를 통해 자신들에게도 삶을 이끌어 나갈 머리와 능력이 있다는 사실을 깨달았다고, 그리고 자신들의 삶이 바뀌게 되었다고 이야기했다.

"내가 남길 유산이 이것밖에 없다고 하더라도 나는 매우 행복할 겁니다. 내 삶은 가치 있는 것이 될 거예요."

벤은 어린 학생들에게 자신의 이야기를 할 때마다, 특히 어려웠던 수술에 대해 이야기를 할 때마다 늘 이렇게 강조했다.

"하느님은 내가 행한 모든 수술에서 손을 내미셨습니다. 하느님이 내 삶 속에서 손을 내밀어 모든 것을 훌륭하게 만드신 것이지요. 하느님과 어머니 덕분에 디트로이트 거리에 살던 한 가난한 아이가 의사가 되었고, 의학적으로 힘든 수술을 기적적으로 끝낼 수 있었습니다. 또 멋진 아내와 건강한 세 아들, 그리고 사랑하는 교회의 친구들을 갖게 되는 축복도 받았습니다.

나는 앞으로도 계속 하느님이 나를 사용해서 다른 사람들을 도우시길 바라고 있습니다. 나는 매일 기도합니다. 최고의 의사가 되기를, 최고의 아빠와 남편이 되기를, 그리고 교회와 이 사회를 위해 봉사하는 사람이 되기를 말이지요.

또한 불우한 환경에 처한 어린 학생들에게 좋은 본보기가 되는 것이 내 의무라고 생각합니다. 다른 무엇보다도, 어려운 환경에서 헤쳐 나온 살아 있는 한 증인으로 나를 여러분에게 보여 주고 싶습니다. 왜냐하면 누구든지 '크게 생각하고' 하느님에게 도움을 구한다면 하느님은 반드시 여러분을 사용하실 것이고, 또 꿈은 이루어진다는 사실을 알려 주고 싶기 때문입니다."

21. 벤 카슨 독서 프로젝트

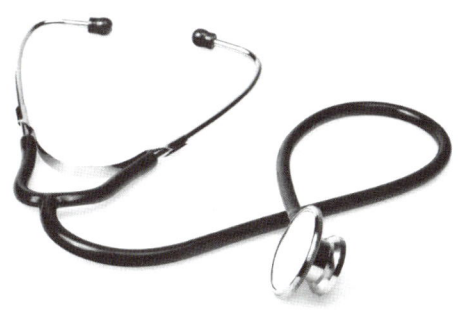

벤은 어디를 가든지 젊은이들과 자신이 마음을 다해 믿고 있는 것을 나누려고 했다. 그것은 바로, 젊은이들이 하느님을 믿고 따른다면 하느님께서 그들에게 말을 건네시고 그들이 위대한 일들을 하도록 힘을 주신다는 것이었다. 그는 자신의 전 생애 동안 자신 안에서 그리고 자신을 통해 하느님이 어떻게 일하시는지를 체험함으로써 이것이 사실임을 알고 있었다. 벤은 과거에 그랬던 것처럼, 그의 미래에도 하느님이 함께 하실 것임을 믿고 있었다. 최근에 자신의 남은 생에 있어서 중요한 결정을 내릴 때가 되었음을 알리는 이정표를 만났을 때도 마찬가지였다.

벤과 캔디의 세 아들은 모두 같은 해인 2011년에 결혼을 했다. 벤은 이 사실이 자신의 미래를 결정할 때가 되었음을 알리는 이정표처럼 느껴졌다. 카슨 부부의 아들인 비제이가 먼저 인도에서 이주해 온 집안의 딸과 버지니아에서 결혼했다. 막내아들인 로예세는 델라웨어에서 결혼했는데, 그의 신부는 시리아와 독일 혈통이었다. 다사다난한 해의 세 번째 카슨 가의 결혼은 플로리다에서 있었는데, 첫째인 머레이가 젊은 자메이카 여성과 결혼했다.

"아들들 중에서 어느 누구도 이 나라에서 태어난 여성과 결혼하지 않았어요. 내 생각엔 아이들을 키운 방식이 영향을 미친 게 아닌가 싶어요. 우리 아들들은 여러 나라를 여행했고 우리가 가는 곳마다 훌륭한 사람들을 만났지요. 아들들에게 그곳 사람들은 똑같은 사람들일 뿐, 국적이나 인종, 배경은 상관없었지요. 아이들은 색안경을 끼고 사람들을 보지 않았거든요. 우리가 완전히 다른 세 번의 국제 결혼식들을 치렀다는 사실이 그리 놀라운 일은 아닙니다. 우리 손주들(아름다운 첫 손녀딸은 2012년에 태어났다.)은 흥미롭고 다양한 가문의 유산을 갖게 되는 축복을 받은 것이지요."

벤은 웃으며 말했다.

✳ ✳ ✳

오랫동안 밴은 자신에게 매우 중요한 이정표가 빠르게 다가오고 있음을 느끼고 있었다. 그가 내려야하는 결정은 개인적일 뿐만 아니라 전문적인 것이기도 했는데, 그를 알고 있는 많은 사람들에게 충격을 줄 일이었다. 벤은 가족과 가장 친한 동료들과 이 문제에 대해 이야기를 나눴고, 결국 존스 홉킨스 병원에 자신의 결정을 알렸다.

2012년 말 벤은 2013년 6월 30일에 외과수술에서 공식적으로 은퇴하기로 결정했다. 많은 신경외과의들이 60세가 되기 전에 오랜 시간이 걸리는 수술에서 은퇴했다. 수술실에서 하루에 12시간이나 15시간, 혹은 그 이상의 시간 동안 서 있고, 집중력이 요구되는 수술은 육체적인 도전이었다.

의사들은 밀리미터 범위에 있는 극도로 작은 움직임을 측정하기 위해서 자주 고배율 현미경 아래를 살펴야 했다. 또, 뇌 외과의사에게 요구되는 미세한 손 기술과 수술 기계들을 제어하는 힘은 사람이 나이가 들어갈수록 사라져가는 첫 번째 신체적 퇴화 현상이었다. 그동안 수술을 하면서 자신의 신체적 능력에 미세한 변화들이 생기기 시작한 것을 알아챈 벤은 환자들의 안전을 위해서 자신의 신체적 퇴화가 문제되기 전에 은퇴하기로 마음먹었다.

"환자들을 위험에 빠뜨리거나 동료들이 내가 그만 물러나야 되는 건 아닌지 의심스러워하기 시작할 만큼 내 능력에 뚜렷한 감소가 있을 때까지 기다리는 것보다는 내가 아직은 할 수 있다는 것을 알고 있을 때 외과 수술을 그만두는 게 더 낫다고 판단했습니다."

벤은 자신이 은퇴를 결정하게 된 마음의 상태를 이렇게 설명했다. 이 결정이 쉽지 않았던 것은, 벤이 너무도 사랑했던 자신의 전문 분야와 하느님께 특별히 부여 받았다고 생각했던 자신의 역할을 포기하는 것을 의미했기 때문이었다.

"이 결정이 중요한 인생의 전환점이 될 것이라는 걸 깨달았어요. 나는 이제 나의 하루를 시작하기 위해 한 시간 동안 병원으로 차를 몰고 가기 위해서, 혹은 하루 종일이나 그 이상 진행될 오전 7시 시작하는 수술 때문에 동트기 전에 알람 시간을 맞춰 놓을 필요는 없겠지요. 하지만 저는 환자들을 여전히 지켜보고, 매우 어려운 수술을 앞둔 동료들에게 상담해 줄 것입니다. 또, 의대에서 계속 가르치면서 존스 홉킨스 병원 사무실에 있을 겁니다. 그렇지만 전보다는 내 시간이 생길 테고 아직 해 보지 못한 일을 할 시간이 생길 테니 좋은 면도 있죠. 내 인생의 남을 나날 동안 하고 싶은 다른 것들이 아직 많이 남아 있거든요!"

벤은 그가 앞으로의 삶에 어떻게 적응할 것인지를 묻는 사람들에게 이렇게 답했다. 이 대답으로 보아 그가 병원일에서 당장 물러나는 것은 아니었다.

벤은 수첩에 '은퇴 뒤 해야 할 일'을 적어 두었는데, 맨 윗줄에는 1990년대에 그와 캔디가 시작한 카슨 장학 재단을 확장하고자 하는 그의 꿈이 적혀 있었다.

"우리는 지금까지 20년 동안 장학금을 주고 있어요. 종종 장학금을 받았던 사람들과 마주치게 되는데, 그러면 그들이 먼저 자신들이 누구인지 말하고 감사를 전하곤 합니다. 얼마 전 일인데요, 내가 펜실베이니아에서 카슨 장학상 수여 만찬에 참석했을 때였어요. 그날 저녁 사회자는 피츠버그의 인기 많은 텔레비전 뉴스 앵커였어요. 그녀는 내게 자신이 다니는 TV 방송국의 상관들 중 한 명이 카슨 장학금을 받았다고 알려 주었습니다. 또, 최근에 나는 마이크로소프트사에서 현재 빠른 속도로 승진하고 있는 소프

트웨어 기술자가 되었다는 카슨 장학금 졸업생을 만나기도 했습니다. 그리고 또 장학금을 받고 스탠포드 의학 대학을 졸업했던 한 인상적인 젊은이가 존스 홉킨스의 뇌신경 연수 프로그램에 지원해서 합격한 일도 있습니다."

벤은 계속 얘기했다.

"캔디와 나는 이 장학 프로그램을 우리나라의 모든 학교가 참여하는 방향으로 키우고 싶어요. 바라건대, 카슨 장학금이 길러 낸 수십만 명의 졸업생들이 사회에 나가서 자신의 능력을 발휘하면 좋겠어요. 더불어 그들이 어려운 상황에 있는 다른 사람의 처지에 공감하고 배려하는 가운데 자신의 능력을 펼쳤으면 좋겠어요. 전국에 그런 젊은이들이 나가게 된다면, 국가를 위해 일할 수 있는 훌륭한 인재들을 배출하는 데 우리가 얼마간의 도움이 되지 않겠어요!"

벤은 카슨 장학 기금의 두 번째 목적인 '벤 카슨 독서 프로젝트'도 확장시키고 싶었다. 벤의 인생을 바꾼 가장 큰 동기는 독서를 좋아하게 된 것이었다. 그래서 벤과 캔디의 꿈은 전국의 학교 건물들에 아이들이 책을 읽을 수 있는 특별한 공간을 만들 수 있도록 기금을 모아 지원하는 것이었다.

"학교 도서관들은 학교에서 가장 중요한 부분입니다. 하지만 학생들은 대체로 정해져 있는 시간에 따라 일주일에 한 번이나 두 번씩 수업을 위해 도서관에 갈 뿐입니다. 그리고 학교 도서관에 가서도 아이들은 대부분 도서관 사용법(물론 중요합니다!)을 배우거나 컴퓨터 실력을 기르거나 다른 수업 과제를 위한 조사를 하는 데 시간을 사용합니다."

카슨 장학 기금에서는 12개 주의 85개 학교에 '벤 카슨 독서방'을 만들기 위해 거의 백만 달러를 모았다. 그리고 문맹 퇴치*와 어린 학생들의 잠재력을 끄집어내기 위한 열쇠로서 자유 시간에 독서하기를 권장했다. 각각의 독서방에는 벤의 '크게 생각하기' 철학을 알 수 있는 매력적이면서도 눈길을 끄는 예술 작품들로 장식되었고, 학생들이 다양한 작가, 주제, 장르를 탐험할 수 있도록 수백 권의 책으로 가득 채워졌다. 그 덕분에 학생들과 가족들은 책을 편안하게 읽을 수 있도록 만들어진 환경에서 자유 시간을 보람되게 보내거나, 무언가를 배우거나, 또는 즐거움을 위해서 책을 읽게 되었다.

이 같은 '벤 카슨 독서 프로젝트'의 결과는 즉각적인 효과를 보게

---

* **문맹 퇴치**: 글을 깨우치지 못한 사람들을 가르쳐 글 모르는 이가 없도록 함.

되었다. 2012년, '벤 카슨 독서방' 학생들의 책 읽는 시간이 1천5백만 분 이상을 넘어서는 것으로 기록됐다. 선생님들과 독서방 관리자들은, "이 프로그램이 우리 학교 전체에 활력을 불어넣었고, 학생들이 책을 많이 읽게 된 것은 물론이고 학습 능력 또한 한층 향상시켜주었습니다."라고 보고했다.

벤은 이렇게 말한다.

"바로 이것이 이 프로그램이 정말 필요한 이유입니다. 더 많은 학교에서 독서가 재미있다는 것을 더 많은 아이들이 발견하게 된다면, 제 삶을 변화시켰던 것처럼 이 발견이 그들의 삶도 변화시킬 것이라고 저는 확신하고 있습니다."

22. 젊은이들이여, 꿈에 도전하라!

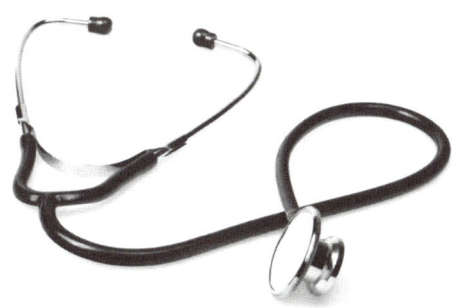

2012년에 벤과 캔디는 함께 처음으로 《아름다운 미국: 나라를 위대하게 만든 것이 무엇인지 다시 발견하기》라는 제목의 책을 한 권 썼다. 어른들을 위한 이 책을 쓰는 동안에도 벤은 책에서 다루어진 여러 가지 문제들에 대해 십대와 그보다 어린 학생들에게도 이야기할 필요가 있다고 느꼈다. 그는 남은 생애 동안 하기로 결심한 또 다른 계획들을 시작해야 할 때라고 생각했다.

벤은 20년 혹은 그 이상의 세월 동안 전국의 매우 다양한 청중들에게, 그리고 때로는 세계의 청중들에게 일주일에 한 번 내지 두 번씩 이미 연설을 하고 있었다. 그는 은퇴한 후에는 더 많은 연설을 하고 싶어했다. 특히 젊은 청중들, 그중에서도 배움의 현장에 있는 학생들에게 말이다.

《아름다운 미국》이 출판되면서 벤은 그가 이야기하고 싶은 많은 생각들을 이 책의 내용과 결합시켜 학생과 젊은이들 앞에서 연설하기 시작했다. 벤은 말했다.

"미국은 땅이 넓고 여러 나라에서 온 사람들이 모인 나라입니다. 이런 나라가 아주 빠르게 세계의 지도자로 자리잡게 해준 요인은 바로 교육이라는 것을 젊은이들은 알아야합니다. 그래서 교육이 중요하다는 것과 다른 어떤 부분보다 교육에 중점을 두어야 한다는 사실을 깨닫는 것이 필요합니다.

하지만 현재 여러분과 세계적으로 기술이 발전된 다른 나라에서 교육을 받고 자란 학생들의 표준 수학과 과학 시험 점수를 비교해 보면, 미국 학생들은 순위에 있어 거의 바닥을 차지하고 있습니다. 어른들은 물론이거니와 학생 여러분도 우리나라에서 교육의 중요성이 점점 낮게 평가되고 학습에 대한 동기 부여를 빠르게 잃어버리고 있다는 사실에 대해 깊이 생각해 볼 필요가 있습니다.

나는 연설할 때마다 학생들에게 오늘날 미국인은 평균적으로 약 80세를 산다고 이야기합니다. 이 사실은 곧 여러분 대부분이 태어난 뒤 처음 20년에서 25년을 여러분의 나머지 인생을 준비하는 시간으로 가져야 한다는 것을 의미합니다. 여러분이 이 시간을 잘 준비한다면 그 보상으로 여러분은 60년을 또는 그 이상을 보람되게 보내게 될 것입니다. 그러나 여러분이 준비를 하지 않는다면, 세상을 좀 더 좋은 곳으로 만드는 데 쓰도록 하느님께서 주신 놀라운 지적 능력을 사용하지도 못한 채 그냥 하루하루를 의미없이 사는 사람이 되어 여러분의 나머지 인생을 허비하게 됩니다. 나의 이야기를 듣게 된 여러분은 자신의 삶을 선택할 수 있습니다. 하지만 결정은 여러분이 내려야 하고 되도록 어린 시절에 결정을 내려야만 합니다. 이 결정은 여러분이 어린 시절 동안 여러분 자신의 삶과 행동에 대해 책임지겠다는 것을 뜻합니다. 그리고 아무 노력도 하지 않고 여러분의 남은 삶이 주어지기를 기대하지 않겠다는 것을 의미합니다.

젊은이들뿐 아니라 대부분의 어른들도 수도인 워싱턴 D.C.에서 무슨 일이 일어나고 있는지 거의 신경을 쓰지 않으며 주의를 기울이지 않습니다. 심지어는 자신들이 살고 있는 도시나 주정부에 관해서도 관심이 없습니다. 학교들을 방문해 보면 그 지역의 시장, 상원의원들, 하원의원들의 이름을 모르거나 때로는 미국의 부통령 이름조차 모르는 학생들이 많다는 사실은 (점점 더 심해지고 있어 걱정입니다.) 더 이상 놀라운 일이 아닙니다."
벤은 계속해서 말했다.
"나는 우리나라에 대해 갖고 있는 걱정이 또 하나 있습니다. 국민으로서 우리는 자립심이 떨어지고 있고, 우리의 능력, 자원, 그리고 창조주가 주신 우리 모두에게 주어진 권리들, 그러니까 삶, 자유, 행복 추구에 관한 권리들을 행사하려 하지 않는다는 것입니다. 그리고 다른 사람들, 특히 우리가 점점 더 관심을 기울이지 않아 잘 알지 못하게 된 정부에 의존하려 하지요. 이건 과거 미국을 위대한 국가로 만들었던 태도나 정신이 아닙니다!
그래서 나는 이 나라에 어떤 좋은 기회들이 여전히 존재하고 있는지 젊은이들이 알 수 있도록 돕는 데 제 남은 생애를 쓰고 싶습니다. 세계 역사 속에서 젊은 세대는 물질적·교육적 자원을 결코 많이 갖고 있지 않았으며, 어떤 주제에 관한 정보에 쉽게 접근할 수도 없었습니다. 그럼에도 불구하고 젊은이들의 잠재력은 그 어느 것보다 위대해서 그 능력을 발휘하느냐 못 하느냐에 따라서

각 나라의 발전에 큰 차이가 나타났습니다.

이 때문에 나는 젊은이들에게, '여러분 자신의 삶에 대해, 그리고 자신의 교육에 대해 책임을 져야합니다. 여러분은 마음만 먹으면 학교 도서관이나 공립 도서관으로 갈 수 있습니다. 책임감 있게 인터넷을 뒤지면, 여러분이 선택한 어떠한 주제에 관해서도 공부할 수 있습니다.'라고 계속해서 이야기합니다.

여러분이 대수학이나 삼각법, 미적분를 풀기 어렵다고 해 봅시다. 그 문제를 가지고 인터넷 채팅방에 들어갑니다. 누군가에게 사인과 코사인 간의 차이를 이해 못 한다고 말해 보세요. 채팅방에는 기꺼이 돕고자 하는 사람들이 많이 있을 겁니다. 어느 누구도 하나의 주제를 같은 방식으로 배우거나 이해하지 않습니다. 하지만 여러분이 계속 방법을 찾는다면, 여러분이 이해할 수 있는 방법으로 설명해 줄 수 있는 누군가를 찾을 수 있을 겁니다.

나는 알고 싶은 모든 것을 도서관에서 책을 읽고 배웠는데, 이것도 여전히 하나의 좋은 방법입니다. 그렇지만 요즘 젊은이들은 제가 했던 것보다 훨씬 많은 장소에서 훨씬 많은 정보들에 접근할 수 있습니다. 여러분이 주변에 가지고 있는 놀라운 자원들을 이용하지 못하는 것에는 변명의 여지가 없습니다!"

벤은 아이들에게 인터넷을 사용하고 채팅방을 이용하라는 도전을 줄 때, 아이들이 무엇을 하는지 부모들이 알고 있는 것이 중요하다고 충고한다. 아이들이 인터넷에서 무언가를 찾거나 새로운 영역을 탐험할 때 부모님들은 함께 하거나 최소한 아이들이 무엇을 하고 있는지 알고 있어야 한다고 말한다.

벤이 이처럼 자신의 남은 생의 많은 부분을 젊은이들에게 연설하는 것에 투자하기로 계획한 이유는 그들에게 큰 희망을 걸고 있기 때문이다.

"나는 요즘의 젊은이들에게서 개발되지 않은 무한한 잠재력을 봅니다. 나는 기회가 될 때마다 젊은이들에게 이 나라를 발견했던 많은 사람들과 나라를 위대하게 만들기 위해 열심히 일했고 위험을 무릅썼던 현명하고 용감한 사람들이 그 시대의 젊은이들이었다고 말합니다. 20대나 30대, 혹은 더 어리기도 했다는 사실을 이야기합니다. '내가 가장 안타깝게 생각하는 것은 나라를 위해 포기할 수 있는 생명이 하나밖에 없다는 것'이라고 말하며 죽어 유명해진 네이선 헤일은 당시 나이가 겨우 열일곱 살이었습니다.

과학이나 수학의 영역에서 활동한 이들도 있습니다. 노벨상 수상자들의 일생을 살펴보면, 대부분 15살이나 16살, 17살 정도 되었을 때부터 삶의 방향을 정하고 자기가 전공한 분야를 연구하는 데 남은 생을 바쳤습니다. 여러분이 자세히 그들의 삶을 살펴본다면, 그들이 상을 받고 일생을 바칠 일에 관한 기본 방향을 세우게 해 준 가장 크고 중요한 발견들은 그들 생애의 청소년기에 주로 일어났다는 사실을 확인하게 될 겁니다. 그리고 자신들이 공부할 주제들에 관해 젊은이 특유의 에너지와 열정으로 충만했던 것은 그들이 20대나 30대였을 때였지요.

나는 학생들에게 늘 이렇게 말하죠. '여러분이 시민으로서 위대한 과학적 발명을 한다든가, 세계를 이끄는 지도자가 된다든가 또는 다른 사람들에게 영감을 주는 본보기가 된다든가 하는 사람이 되기 위해 나이 들기를 기다릴 필요는 없습니다. 여러분의 아이들과 손주들에게 물려줄 아름다운 미국을 원한다면, 자신의 꿈과 관련된 무언가에 관심을 가지고 지금 적극적으로 끼어드세요.'라구요."

열 번째 이야기,
새로운 시작을 준비하는 벤

벤은 자신의 은퇴 계획은 자선 사업을 키우는 일에 시간을 쏟는 것이라고 설명했다. 그는 미국의 다음 지도자 세대가 될 젊은이들을 격려하고 준비시키는 것, 그리고 하느님께서 젊은이들에게 주신 두뇌와 다른 모든 자원을 사용해 꿈에 도전하도록 밀어주는 것이 자신이 할 일이라고 말했다. 바로 '크게 생각하기'를 실천하는 것이었다!

23. 더 크게 생각하기

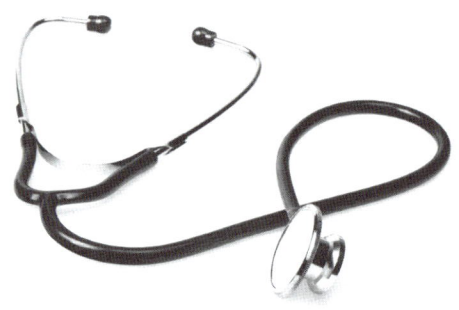

젊은이들에게 미래에 대한 꿈을 심어 주고 《아름다운 미국》을 쓰면서 정리된 생각을 알리고자 더 많은 연설을 계획한 것은 벤의 은퇴 뒤 삶의 목표 중 하나였다. 그런데 이 일은 그가 외과 수술을 그만두기 전부터 놀라운 지지를 받았다. 2012년 12월, 은퇴 결심을 한 지 얼마 되지 않았을 때 벤은 국가 조찬 기도회에서 기조연설*을 하도록 초대되었다. 그가 이미 16년 전, 1997년에 있

---

*기조연설: 국회, 전당 대회, 학회 따위에서 중요 인물이 기본 취지나 정책, 방향 따위에 대하여 설명하는 연설.

었던 같은 행사에서 연설을 했었음에도 불구하고 조찬 기도회를 주관하는 상원의원들은 다시 그를 초대하여 연설을 맡기고 싶어했다.(이 연설을 두 번 했던 유일한 다른 사람은 20세기의 가장 유명한 부흥 목사였던 빌리 그레이엄이었다.) 의원들은 벤에게 보낸 편지에서, "미국 의회가 매우 어려운 상황에 놓여 있습니다."라는 말과 함께 "지금은 우리나라와 세계에 있어 중요한 시기입니다."라고 말했다. 그들은 또한 코네티컷에서 있었던 최근의 비극적 사건(한 초등학교에서 끔찍한 총기 난사 사건이 일어나 20명의 학생들을 포함하여 총 26명이 목숨을 잃었다.)을 언급했다. 상원의원들은 벤에게 이 모든 일들을 헤쳐나가기 위해서 "우리나라는 지금 예수님을 생각하고 그분을 따라야 할 때라고 본다."고 말했다.

벤은 이 초청에 응했다. 그는 단지 엄청난 명예뿐만이 아니라 중대한 책임이 따르는 연설, 그러니까 다시 한 번 미국 정부의 지도자들에게 연설하는 기회에 대해서 깊이 생각했다. 그는 연설을 준비하면서 이런 중요한 경우에 무엇을 말해야 하는지 하느님께 묻기 위해 항상 하던 대로 기도했다.

2012년 2월, 그를 국가 조찬 기도회에 소개한 상원의원은 청중들에게 벤이 '세 가지 이유' 때문에 이 연설에 초대되었다고 말했다.

"세 가지 이유는, 그가 예수님을 사랑한다는 것, 주목할 만한 인생 이야기를 가지고 있다는 것, 자신의 전문 분야인 신경외과의로서 뛰어난 업적을 쌓은 사람이라는 것입니다. 우리는 그가 가진 능력과 신앙심으로 우리를 도울 수 있기를 바라고 있습니다."

소개를 받아 단상에 오른 벤은 대통령, 부통령, 영부인, 그리고 그 자리에 모인 저명한 초대 손님들에게 감사의 인사를 한 후, 자기가 말하고 싶은 것의 근거를 제시하기 위해 먼저 네 개의 성경 본문을 읽었다.

잠언 11장 9절: 악인은 입으로 그의 이웃을 망하게 하여도 의인은 그의 지식으로 말미암아 구원을 얻느니라.

잠언 11장 12절: 지혜 없는 자는 그의 이웃을 멸시하나 총명한 자는 잠잠하느니라.

잠언 11장 25절: 구제를 좋아하는 자는 풍족해질 것이요, 남을 윤택하게 하는 자는 자기도 윤택해지리라.

역대기 하 7장 14절: 내 이름으로 일컫는 내 백성이 그 악한 길에서 떠나 스스로 겸비하고 기도하여 내 얼굴을 구하면 내가 하늘에서 듣고 그 죄를 사하고 그 땅을 고칠지라.

성경을 읽은 뒤 벤은 어느 누구의 마음도 상하게 하고 싶지 않만 누군가를 불쾌하게 만들지 않고서는 미국에 있는 어떤 큰 단체에서 연설하는 것이 어렵다는 것을 알았다고 말하면서 연설을 시작했다. 많은 사람들이 자신들이 동의하지 않는 어떤 것에 대해서 누군가가 말하는 것을 들을 때마다 드러내놓고 불쾌한 감정을 표현했기 때문이다.

벤은 오늘날 이러한 과민한 반응이 하나의 심각한 문제라고 말했다. 벤은 정치 지도자들인 청중들에게 이러한 반응이 사람들로 하여금 자신들이 생각하고 믿는 것을 말하기 두렵게 만든다고 했다. 또한 우리로 하여금 서로 듣고 배우는 것을 방해한다고 했다. 이것이 우리가 생각들을 자유롭게 교환하는 것을 단념하게 만들어 나라를 약하게 만들 뿐만 아니라 우리의 가장 본질적인 권리들 중의 하나인 말하는 자유를 훔쳐가고 있다고 했다.

그리고 나서 그는 자신의 이야기를 시작했다. 가난에서 벗어나는 방법은 교육을 통해서라는 것을 알고 아들들에게 이를 가르쳤던 어머니에 대해서, 그리고 가난한 가운데 어떻게 그가 자라났는지 이야기했다. 벤의 어머니는 열심히 일하셨고, 변명하지 않으셨으며, 두 아들 또한 변명하지 못하게 하셨다고 했다. 두 아들이 변명하려고 하면 어머니는 항상 아들들에게 물었다. "너희는 머리가 있지?"

그러면 아들들은 그렇다고 대답했고, 어머니는 말씀하셨다. "그렇다면 너희의 문제를 해결하기 위해 필요한 것을 찾아보렴."

벤은 그의 책 《아름다운 미국》에 있는 몇 가지 다른 주제들에 관해서도 이야기했다. 그는 현재 미국의 안타까운 교육 상태에서 놓여 있는 젊은이들과 아이들에게 자신이 어떤 내용으로 연설하는지 간단하게 이야기했다.

벤은 어째서 의사인 자신이 오늘날 미국의 심각한 문제들에 대해 이야기하는지 의아해하는 사람들이 있다는 것을 알고 있다고 말했다. 그는 다섯 명의 의사들이 미국 독립 선언문에 사인했음을 그들이 알아야하고 기억할 필요가 있다고 말했다. 의사들을 포함한 각계각층의 교육받은 사람들은 미국의 건국과 모두 직접적으로 관계를 가지고 있었다. 벤은 오늘날 미국을 이끄는 사람들 다수가 변호사라는 점은 이 나라의 손실이라고 말했다.

변호사인 청중들이 웃었을 때, 벤은 자신이 말하고 싶었던 것은 일부 변호사들이 '수단과 방법을 안 가리고 상대편을 쓰러뜨리기 위해 법대에서 이기는 법을 배우는 것'이 문제라고 생각한다고 했다. 벤은 워싱턴에 있는 정당의 모든 지도자들이 어떤 대가를 치르고서라도 이기겠다는 태도를 바꾸고 오늘날 이 나라의 가장 심각한 문제들을 함께 풀어나가기 시작한다면 이 나라가 더 살기 좋아질 것이라고 말했다. (이 말에 대한 답으로 박수갈채가 터져 나온 것으로 보아 현재 변호사가 아닌 사람들은 물론이고 그의 말에 동의하는 변호사들이 많이 있음을 가리키는 것 같았다.)

벤이 조찬 기도회 참석자들에게 자신의 롤 모델이 예수님이라고 말했을 때, 그는 더 많은 박수를 받았다. 벤은 예수님이 많은 비유를 드셨듯 자신도 비유를 들어 얘기하는 것을 즐긴다고 말하며, 이해하기 어려운 재정 문제를 한 가족을 예로 들어 설명했다. 재정적인 문제는 어느 가족에게나 심각한 갈등을 일으킨다. 따라서 사람들은 그 문제를 해결하기 위해 다양한 해결책들을 찾아보지만 실질적으로 의미가 없거나 전혀 도움이 되지 않는 해법에 이르는 경우가 많다.

그가 예를 든 가족이 보여주었던 잘못된 해결책들은 사실 현재 재정적 위기와 연방 정부의 예산 문제를 겪고 있는 미국 정부를 빗대서 이야기한 것으로 벤이 직접적으로 말하지 않더라도 누구나 알 수 있는 것이었다.

벤은 다른 많은 국가적 문제들에 관해서도 빠르게 이야기해 나갔다. 그 이야기들은 정치적으로 정당한 것처럼 보이지 않을 수도 혹은 최소한 정치적으로 현명하게 보이지 않을 수도 있었다. 하지만 벤은 아주 깊은 재정적 구멍에 이 나라를 빠뜨린 주된 책임이 있는 정치 지도자들(주요 양대 정당들의)이 가득한 방에서 이 나라가 그렇게 심각한 부채를 안게 된 원인이 무엇인지 이야기했다. 정치 지도자들은 미국이 갖고 있지 않은 수조 달러의 돈을 써야하는 여러 프로그램들을 제안했었고 그 결과 현재 세금을 내는 많은 국민과 아이들, 그 아이들의 아이들이 미래의 언젠가 갚아야만 하는 상상할 수도 없는 금액의 청구서를 남겨 놓았다고 했다. 그들이 터무니없는 공약을 내세워 자신들을 후원하고 투표하게 만들었기 때문이다.

다음으로 벤은 세금 법을 만들고 이 법을 행사하는 책임을 지고 있는 청중들 앞에서 미국의 세금 법이 너무 복잡하고 부실하게 만들어져 있어서 확실하게 이 법을 지키고자 해도 충분히 세법을 잘 이해할 수 있는 사람들이 없다고 말했다.

벤은 조찬 기도회에 참석한 나라의 지도자들에게 다루기 힘들고 불공평한 세금 법을 다시 고칠 때라고 생각한다고 말했다. 그러면서 자신이 할 수 있고 옳다고 생각했던 방법에 관해 놀라운 한 가지 제안을 했다.

그는 자신이 성경을 펼쳤을 때 우주에 계시는 가장 공평하신 존재, 바로 하느님께서 그분의 백성들을 위해 십일조*라고 부르는 세금 걷는 방법을 가지고 계심을 보았다고 말했다.

"하느님께선 올해 여러분의 농작물이 실패했으니 아무것도 내지 말라고 말씀하시는 게 아닙니다. 또한 풍년이 들었을 때 여러분이 예전의 세 배의 세금을 내야 한다고 말씀하시는 것도 아닙니다."

유대인들은 하느님께 그들 수입의 10퍼센트를 드리도록 되어 있었다. 벤은 실제 세금으로 10퍼센트를 내는 것은 문제가 되겠지만, 그 비율의 성경적 원리는 구약 시대의 유대인들이 그래왔듯이 미국인들에게도 똑같이 적용되어야한다고 생각한다고 말했다. 이 방법이 더 공정하고 더 효과적인 방식으로 필요한 국가 수입을 거둘 수 있을 뿐만 아니라 부자든 가난하든 모든 사람들이 정부에 자기 역할을 하고 자기 목소리를 낼 수 있는 방식이라고 했다.

여기까지 이야기하고 벤은 청중들이 심각하게 생각하면서도 정치적으로 논란이 많은 주제로 옮겨 갔다. 바로 미국의 의료 보험 제도에 대한 이야기였다. 벤은 아주 가까이에 앉아서 주의 깊게 듣고

---

*십일조: 기독교 신자가 수입의 10분의 1을 교회에 바치는 것.

있던 대통령과 하원의원들이 통과시켰던 국민의 건강 관리 정책의 주요 문제에 정반대되는 것처럼 보이는 생각들을 이야기했고, 구체적인 제안도 했다.

벤은 이렇게 심각하고 너무나 복잡한 문제들과 오늘날 미국이 직면한 분열을 일으키는 문제들에도 불구하고 희망을 가질 만한 위대한 이유를 보았노라고 말했다. 그는 미국의 지도자들에게 국가의 상징인 아름답고 영감이 넘치는 대머리 독수리에 대해 생각해 보라고 했다. 독수리의 왼쪽 날개와 오른쪽 날개가 함께 움직일 때 독수리는 높이 솟아올라서 앞으로 날 수 있다는 사실을 우리 모두는 기억할 필요가 있다고 말했다. 이 지점에서 벤은 잠시 말을 멈추고 거의 비슷한 수로 민주당과 공화당으로 나뉘어져 있는 수많은 청중들에게 미소를 지었다. 사람들의 웃음소리와 박수소리가 잦아들자 벤은 덧붙였다.

"우리에게는 충분히 희망이 있습니다. 오늘의 우리가 맞닥뜨린 모든 문제들을 해결할 수 있을 만큼 우리 모두에게 강력한 두뇌를 주신 하느님을 믿기 때문입니다."

그러고 나서 벤은 1812년에 시작돼 1814년에 끝난 영미전쟁 이야기를 꺼냈다. 그 전쟁에서 영국 함대의 침략에 맞서 미국을 지키고

자 했던 볼티모어 항구의 작은 매킨리 요새에서 일어난 전투를 기억하자고 했다. 그리고 그 믿기 어려운 전투에 대한 내용으로 만들어진 친숙한 미국 국가 '성조기여 영원하라'의 이야기를 언급하면서 연설을 마무리지었다. 벤은 이른 새벽빛 속에서 넝마가 되어 찢어진 성조기가 어떤 희망을 상징하고 있는지에 대해 생각해 보자고 말했다.

벤이 조찬 기도회에서 연설한 내용은 분명했다. 오늘날 미국이 맞닥뜨린 도전의 크기에 상관없이 우리에게 주신 창조주의 놀라운 두뇌를 사용한다면, 그리고 서로에게 분노하고 싸우는 대신에 함께 일하고 참아 낸다면, 우리는 다시 한 번 일어설 수 있다는 것이다. 이 같은 그의 생각은 연설 마지막 말에 들어 있었다.

"하느님 아래에서 우리는 둘로 나눌 수 없는, 모두 자유롭고 정의로운 하나의 국민입니다."

24. 새로운 시작

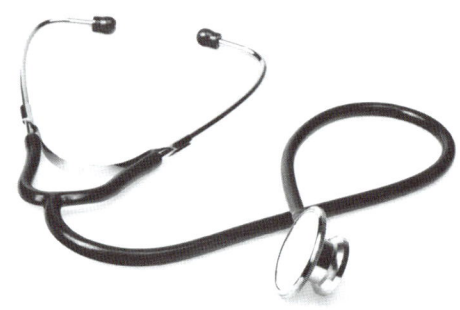

벤의 조찬 기도회에 대한 반응은 매우 뜨거웠다. 어떤 비평가들은 부적절하고 정치적으로 정당하지 않은 연설을 했다고 그를 공격했다. 국가의 지도자들 중 일부는 '대통령을 난처하게 하려는' 의도가 있었다고 비판했다. 하지만 대다수의 사람들은 '권력 앞에서 진실을 이야기했다'며 그의 용기를 칭찬했다.

이 연설 영상은 인터넷 상에 오르며 논쟁을 불러왔다. 수백만의 사람들이 유투브를 비롯한 온라인에서 이 영상을 봤다. 전국의 신문들과 잡지들은 벤이 미국의 지도자들 앞에서 한 연설에 관한 기사들과 칼럼을 실었다.

《월 스트리트 저널》은 '벤 카슨을 대통령으로'라는 제목을 싣고 국가에 닥칠 위험을 경고한 정치적으로 정당한 연설이라고 평했다. 또한 세제 개혁과 의료 보험에 관한 그의 아이디어는 주목을 받았다. "존스 홉킨스 병원의 뇌신경외과 의사가 정치적인 말을 하는 것은 옳지 않다고 말하는 사람들도 있지만, 그의 이야기는 우리가 수년 동안 들어왔던 것보다 더 옳은 생각이다."는 말을 덧붙였다.

벤이 썼거나 벤에 관해 쓴 모든 책들의 판매 순위가 갑자기 올라가기 시작했다. 《아름다운 미국》은 《뉴욕 타임스》의 다섯 개 분야에서 베스트셀러에 오르기 전에 이미 미국의 온라인 서점 아마존에서 모든 책들 중에서 판매 1위가 되었다. 여러분이 현재 읽고 있는 이 책 역시 그의 조찬 기도회 연설 이후 몇 달 동안 아마존에서 어린이를 위한 가장 잘 팔리는 전기 1위를 기록했다.

그 다음 몇 주 동안 벤은 전국의 모든 텔레비전 프로그램과 토크쇼 라디오에 나와 달라는 요청을 받았다. 벤은 시청률이 가장 높은 케이블 방송의 토크쇼를 포함해서 여러 국영 방송국에 출연했다. 진행자와 토론 참여자들은 방송에서 그의 삶과 믿음에 대해 이야기를 나누었고, 오늘날 미국이 마주하고 있는 도전과 위기들을 해결하기 위한 그의 의견과 생각을 상세히 설명해 달라고 부탁했다. 그들은 교육 분야는 물론이고 재정 적자와 경제적 위기, 세금, 의료보험 등에 대해 물었다.

또 다른 텔레비전 프로그램에서 벤은 자신의 어머니가 아들들에게 무엇을 해야 할지 하느님의 도움을 구하는 기도를 드릴 때 받은 지혜에 대해 이야기했다. 벤은 어머니가 분명 앞일을 내다보는 특별한 능력을 가지신 것 같다고 인터뷰 진행자에게 설명하면서 미소를 지었다. 벤은 그와 형이 TV 보는 시간이 너무 적다고 불평할 때의 이야기를 했다.

"나는 어머니께서 말씀하시던 것을 기억합니다. '너희가 책을 계속 읽는다면, 언젠가 사람들이 너희를 텔레비전에서 보게 될 거란다.' 그런데 지금 제가 여기 있네요."

벤은 이렇게 말하며 싱긋 웃었다.

기자들과 인터뷰 진행자들이 그가 너무 논란이 많은 연설을 한 것에 대한 동기를 물을 때마다 벤은 자신이 말한 것으로 인해 논란을 일으킬 어떤 의도도 없었고 어느 누구를 불쾌하게 만들 의도도 없었다고 확실하게 말했다. 그는 연설을 하기로 약속하기 전에 늘 하는 것처럼 자신이 말해야만 하는 것에 대해 기도했다고 설명했다. 벤은 하느님께서 그가 말하기를 원하신다고 느꼈던 주제들에 대해 자신이 생각하는 바를 단순히 표현하고자 했던 것이다. 그는 국가의 지도자들이 서로의 차이를 해결하려 하지 않고 서로의 말꼬리를 잡으면서 논쟁하는 것이 마치 쉬는 시간의 3학년 아이들처럼 너무 어린아이 같은 행동 같다고 덧붙였다. 국가 조찬 기도회는 그러한 행동을 멈추라고 요구하기에 좋은 시간과 장소였고, 벤은 모두가 한마음으로 나라의 문제들을 해결하기 바랐다.

모든 인터뷰 진행자들은 벤의 앞으로의 계획에 대해 더 많이 알고 싶어했다. 또, 다양한 국가적 문제들에 관한 연설을 하고 공영 방송에서 기대하지 않은 엄청난 관심을 받은 이후였기에, 벤은 선거에 출마할 계획이 있는지에 대한 질문을 계속해서 받았다. 그는 전혀 그럴 계획이 없으며 분명히 조찬 기도회의 연설에서 말했던 것에 어떤 동기도 없다고 빠르게 대답했다.

벤은 오랫동안 주위 사람들이 선거에 출마하라고 격려했었다고 덧붙였다. 그렇지만 그는 출마하고 싶은 생각이 든 적은 한 번도 없었다고 했다. 사실 그는 그런 부추김으로 출마하는 것을 하느님께서 분명 막아 줄 것이라 믿고 있었다. 그는 인터뷰 진행자들에게 말했다.

"내가 출마하기로 결정하는 바로 그 순간에 저는 청중의 절반을 잃게 될 겁니다."

벤은 자신의 은퇴 계획은 자선 사업을 키우는 일에 시간을 쏟는 것이라고 설명했다. 그는 미국의 다음 지도자 세대가 될 젊은이들을 격려하고 준비시키는 것, 그리고 하느님께서 젊은이들에게 주신 두뇌와 다른 모든 자원을 사용해 꿈에 도전하도록 밀어주는 것이 자신이 할 일이라고 말했다. 바로 '크게 생각하기'를 실천하는 것이었다!

2013년 6월 말에 외과수술을 그만두면서 벤은 자신이 생각하고 있던 일들에 집중하기 시작했다. 그때에도 사람들은 그에게 출마에 관해 계속 물었다. 벤은 웃으면서 말했다.

"그러려면 아마도 하느님께서 내 목을 꽉 잡아서 정치로 끌고 가셔야만 할걸요. 하지만 나는 인생에서 '절대라고 말해선 절대 안 된다.'는 것을 배웠습니다. 나는 하느님께서 바라시는 것이라면 무엇이든지 언제든 기꺼이 하기를 원하기 때문입니다."

벤 카슨이 생각하는 '더 크게 생각하기'는 바로 이것이다!